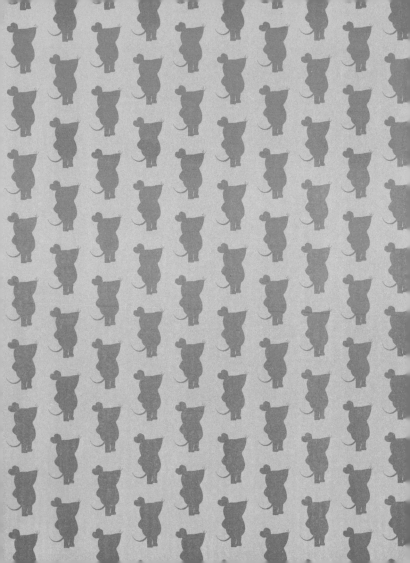

100 KINDERTIPPS

Basteln · Entdecken · Forschen

Alle Tipps und Inhalte in diesem Buch sind sorgfältig ausgewählt und geprüft worden, dennoch können weder Verlag noch Autor eine Garantie übernehmen. Eine Haftung des Verlags bzw. des Autors für Personen-, Sach- und Vermögensschäden ist deshalb ausgeschlossen.

Im Umgang mit spitzen und scharfen Gegenständen wie z. B. Küchenutensilien sowie heißen Flüssigkeiten ist stets höchste Vorsicht, aufmerksames Verhalten und die Aufsicht durch die Eltern erforderlich.

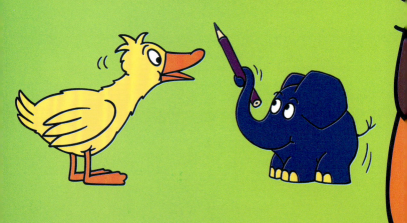

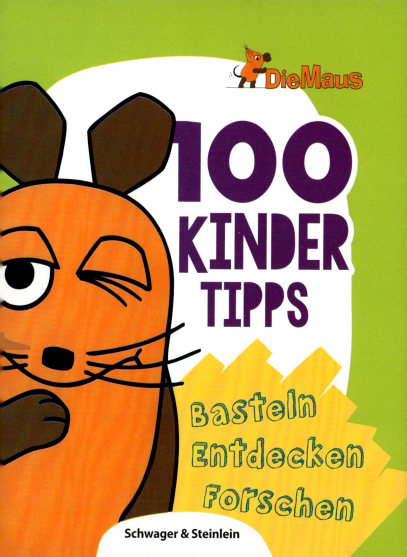

INHALT

1. Ermittle die Breite eines Flusses
2. Nimm dein eigenes Hörspiel auf
3. Erzeuge Strom mit der Kartoffelbatterie
4. Eröffne ein Insektenhotel
5. Baue für Wintervögel ein Futterhaus
6. Geburtstagszahlentrickserei
7. Färbe Blumen
8. Iss Reis mit Stäbchen
9. Spiele Streichholzschachtelstaffel
10. Mache selber Limonade
11. Verstehe die Bedeutung deiner Körpersprache
12. Erkenne Bäume an ihren Blättern
13. Bastle einen Papierflieger
14. Luftgitarre – so geht's
15. Kenne die Tugenden der Ritter und Burgfräulein
16. Telefoniere mit einem Joghurtbecher
17. Tierisches Wissen
18. Backe Muffins
19. Elefantenzahnpasta
20. Erprobe den Lotuseffekt
21. Klopapiermumien
22. Mixe Kinder-Cocktails
23. Bastle eine Milchtüten-Laterne
24. Werde Welt-Retter
25. Fingerhakeln
26. Stelle selber Zahncreme her
27. Bastle eine geniale Geburtstagskarte
28. Garten-Kegelspiel
29. Sonnencreme-Experiment
30. Pflanzen brauchen Licht
31. So machen Astronauten Pipi
32. Errichte eine Waldhütte
33. Kenne die römischen Zahlen
34. Verstehe deine Träume

35. Baue einen Kompass	**53.** Blasrohrwettschießen
36. Kastanienfiguren	**54.** Baue ein Lupen-Teleskop
37. Bastle einen Tüten-Drachen	**55.** Lerne in 25 Sprachen zu grüßen
38. Socken-Poi	**56.** Stelle Eis aus tiefgefrorenem Obst her
39. Lerne drei Sternbilder kennen	**57.** Fünfsteinspiel
40. Baue eine Blumentopftrommel	**58.** Baue die perfekte Sandburg
41. Zwanzig ziemlich verzwickte Zungenbrecher	**59.** Sichere Fingerabdrücke
42. Lerne Ohrendruck auszugleichen	**60.** Erstelle Phantombilder
43. Verstecke geheime Botschaften	**61.** Schatten-Figuren-Theater
44. Stelle selber Seife her	**62.** Wäscheklammer-Wettrennen
45. Selbstaufblasender Luftballon	**63.** Drei clevere Küchentricks
46. Erlerne die Blindenschrift	**64.** Säe Wildblumen
47. T-Shirt-Falttrick	**65.** Bastle ein Rollkino
48. Kenne das gefährlichste Tier des Waldes	**66.** Stelle das Alter eines Baumes fest
49. Witzige Spiele für lange Autofahrten	**67.** Trenne Pfeffer und Salz
50. Bastle eine Flüstertüte	**68.** Verstehe die Pferdeohrensprache
51. Erlerne einen Zaubertrick	**69.** Stelle selber Seifenblasen her
52. Hilf Eichhörnchen durch den Winter	**70.** Kürbisschnitzerei
	71. Kommando Pimperle
	72. Merke dir Zahlen leichter

73. Bereite ein leckeres Sandwich zu
74. Brücke aus Papier
75. Wassertransport im Strohhalm
76. Lustige Sprechspiele
77. Bastle ein Dampfboot
78. Beatboxing – so geht's
79. Erlerne das Fliegeralphabet
80. Frischkäse aus eigener Herstellung
81. Verwandle Geld in einen Schmetterling
82. Nützliche Eselsbrücken
83. Veranstalte ein Wettessen
84. Mache tolle Kaugummiblasen
85. Kuriose Sammlungen
86. Gieße selber Kerzen
87. Bekämpfe Stechmücken
88. Erfinde einen Künstlernamen
89. Schnitze eine Holunderflöte
90. Handstand-Meister
91. Überlebe in Eis und Schnee
92. Berechne die Entfernung eines Gewitters
93. Zähle mit deinen Fingern bis 1023
94. Lerne Palstek und Achterknoten
95. Stricke mit deinen Händen einen Loop-Schal
96. Pantomimespiel
97. Pflanze eine Blumenuhr
98. Backe Brot
99. Bastle Kreisel
100. Sende Morse-Signale

ERMITTLE DIE BREITE EINES FLUSSES

Stell dir vor, du stehst an einem Fluss und überlegst, ob du ihn überqueren kannst. Dazu ist es hilfreich, die ungefähre Breite des Flusses zu kennen. Um diese zu ermitteln, verwendest du einen alten Pfadfindertrick. Und der geht so:

1. Stelle dich ans Ufer und halte deine Hand an die Stirn.
2. Peile mit der unteren Kante deiner Handfläche das andere Ufer an.

3. Verändere die Haltung deiner Hand nicht und drehe dich zum eigenen Ufer.

4. Peile dort mit der unteren Handflächenkante einen markanten Punkt an.

5. Behalte diesen Punkt fest im Blick, während du mit langen Schritten darauf zu gehst.

Jeder lange Schritt misst ungefähr einen Meter – und die Entfernung zum Punkt entspricht der Flussbreite.

ACHTUNG

Überquere niemals einen Fluss bei starker Strömung! Auch wenn die Strömung harmlos aussehen mag, kann sie dich mitreißen. Prüfe die Stärke der Strömung, indem du einen kleinen Ast in den Fluss wirfst und beobachtest, wie schnell er vom Wasser fortgetragen wird.

NIMM DEIN EIGENES HÖRSPIEL AUF

Nimm doch mal ein eigenes Hörspiel auf! Denke dir eine Geschichte aus und notiere, wer welche Sätze in dem Hörspiel sprechen soll. Verteile die Rollen dann an deine Freunde. Für die Aufnahme könnt ihr beispielsweise ein Handy verwenden. Nun fehlen nur noch die passenden Geräusche. Dazu einige Tipps:

Regen Lass Reis auf ein Backblech rieseln.

Sturm Lass einen Waschmaschinenschlauch oder einen anderen geriffelten Schlauch durch die Luft kreisen – aber pass auf, dass niemand einen Schlag abbekommt!

Donner Biege ein großes, dünnes Blech wellenförmig auf und ab.

Meeresrauschen Streiche mit einer Bürste über einen Pappkarton.

Motorboot Halte einen Mixstab in einen mit Wasser gefüllten Eimer. Achte dabei darauf, dass nicht das Gerät selbst mit dem Wasser in Berührung kommt!

Lagerfeuer Zerknülle ein Bonbonpapier und zerbrich kleine Zweige.

Pferde Klopfe leere Joghurtbecher mit der Öffnung nach unten auf den Tisch, um Pferdegetrappel nachzuahmen.

Schuss Lass ein elastisches Lineal auf den Tisch klatschen.

Telefonieren Sprich in einen Plastikbecher hinein, um eine verzerrte Telefonstimme zu erzeugen.

Schritte im Schnee Fülle Mehl in ein kleines Stoffsäckchen und drücke das Säckchen im Rhythmus der Schritte zusammen.

3 ERZEUGE STROM MIT DER KARTOFFELBATTERIE

Mit einer Kartoffel kann man Strom erzeugen. Glaubst du nicht? Ist aber so. Alles, was du dafür benötigst, ist eine Kartoffel, ein verzinkter Nagel, zwei Stückchen Kupferdraht und einen Kopfhörer. Und so baust du deine Kartoffelbatterie:

1. Drücke den verzinkten Nagel in das eine Ende der Kartoffel, und zwar so, dass das Ende des Nagels oben ein Stück herausragt.

2. Wickle das eine Stück Kupferdraht um das obere Ende des Nagels. Der Draht darf dabei nicht die Kartoffel berühren.

3. Das zweite Stück Kupferdraht steckst du in das andere Ende der Kartoffel.

4. Nimm die Enden der beiden Kupferdrähte und halte sie an den Stecker des Kopfhörers – ein Drahtende an die Spitze des Steckers, das andere an dessen Mitte.

5. Nun kannst du im Kopfhörer den Strom knacken hören.

ACHTUNG

Die Kartoffel kannst du nach diesem Experiment nicht mehr essen, da eine chemische Reaktion zwischen dem Zink und dem Kupfer stattgefunden hat!

4 ERÖFFNE EIN INSEKTENHOTEL

Auch Insekten brauchen ein Zuhause, und ein solches kannst du ihnen bieten. Bastle beispielsweise für die nützlichen Ohrwürmer ein bequemes Quartier. Dazu benötigst du:

- einen kleinen Blumentopf
- einen kurzen Ast
- eine reißfeste Schnur
- Stroh, kleine Zweige, Laub und Zapfen von Nadelbäumen
- Hasendraht im Durchmesser der Blumentopföffnung
- Wachsmalstifte

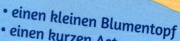

1. Knote die Schnur um den kurzen Ast. Führe die Schnur von innen durch das Loch unten im Blumentopf. Der Ast sorgt dafür, dass das Ende der Schnur im Blumentopf bleibt.

2. Fülle den Blumentopf nun mit den Naturmaterialien: zuerst mit dem Stroh, dann mit den Zweigen, dem Laub und den Zapfen. Die Insekten werden sich darin pudelwohl fühlen!

3. Der Hasendraht dient als Deckel für den Blumentopf. Binde ihn mit einem weiteren Stück Schnur an der Öffnung des Topfes fest.

4. Jetzt kannst du den Blumentopf noch nach Herzenslust mit Wachsmalstiften bemalen.

5. Hänge das Insektenhotel mit der Schnur in einem Baum auf. Die krabbelnden Gäste werden ganz von selbst kommen.

5 BAUE FÜR WINTERVÖGEL EIN FUTTERHAUS

Möchtest du im Winter die Vögel im Garten füttern? Dann brauchst du spezielles Vogelfutter, das du im Tiergeschäft oder in einem Supermarkt kaufen kannst. Das Futterhaus kannst du selbst basteln, und zwar aus einem leeren Getränkekarton:

1. Wasche den Getränkekarton gründlich aus.

2. Schneide mit einer Schere runde Öffnungen auf zwei gegenüberliegende Seiten des Getränkekartons, und zwar in einer Höhe, dass ein Vogel das Futter bequem vom Kartonboden picken kann.

3. Jetzt fehlt noch ein Sitzplatz für die Vögel. Um diesen zu erhalten, stichst du einen Holzstab unten mittig durch den Getränkekarton.

4. Oben am Karton befestigst du einen Faden zum Aufhängen.

5. Fülle das Futterhaus mit Vogelfutter und hänge es im Garten oder auf dem Balkon an einem Platz auf, der vor Nässe geschützt ist. Für die Vögel heißt es ab sofort: Guten Appetit!

6 GEBURTSTAGS-ZAHLENTRICKSEREI

Du hast vergessen, wann einer deiner Freunde Geburtstag hat? Mit dem folgenden Zahlentrick kannst du es jederzeit herausfinden. Für die Berechnungen gibst du deinem Freund einen Taschenrechner. Und so geht's:

1. Dein Freund soll den Tag seines Geburtstages mit 20 malnehmen. Angenommen, dein Freund hat am 13.06.2008 Geburtstag, so nimmt er den Tag (die 13) mit 20 mal: 13 x 20 = 260

2. Zu der Zahl aus Schritt 1 zählt dein Freund 3 dazu: 260 + 3 = 263

3. Nun muss dein Freund die Zahl aus Schritt 2 mit 5 malnehmen: 263 x 5 = 1.315

4. Jetzt wird die Zahl des Monats zu der Zahl aus Schritt 3 dazugezählt. Der Juni ist der sechste Monat des Jahres, also lautet die Berechnung: 1.315 + 6 = 1.321

5. Hui, die Zahl wird noch größer! Die Zahl aus Schritt 4 soll jetzt mit 20 malgenommen werden: 1.321 x 20 = 26.420

6. Zu der Zahl aus Schritt 5 müssen 3 dazugezählt werden: 26.420 + 3 = 26.423

7. Und noch größer! Die Zahl aus Schritt 6 wird mit 5 malgenommen: 26.423 x 5 = 132.115

8. Wird dir bei diesen großen Zahlen schon schwindelig? Zur Zahl aus Schritt 7 werden jetzt noch die beiden letzten Ziffern des Jahres dazugezählt. Das Jahr ist 2008. Die beiden letzten Ziffern lauten 08. Also wird gerechnet: 132.115 + 8 = 132.123

9. Zum Schluss müssen 1.515 von der Zahl aus Schritt 8 abgezogen werden:
132.123 − 1.515 = 130.608

Fällt dir was auf? Es ist der gesuchte Geburtstag, der 13.06.08

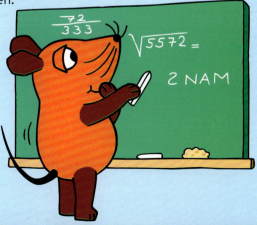

7 FÄRBE BLUMEN

Wusstest du, dass man nicht nur Haare, sondern auch Blumen färben kann? Du kannst beispielsweise aus einer weißen Blume eine blaue machen. Alles, was du dazu benötigst, ist die weiße Blume, ein hohes Glas, ein Messer, Wasser und blaue Tinte.

Um die Blume zu färben, füllst du das Glas mit Wasser und gibst dann die Tinte dazu. Kürze den Stängel der Blume und stelle sie in das Glas. Jetzt musst du nur etwas Geduld haben: Nach ein paar Stunden wird die Blume durch die Tinte gefärbt.

Wie funktioniert das? Ganz einfach: Die Blume saugt das gefärbte Wasser mit dem Stängel auf und transportiert es in die Blütenblätter. Dort verdunstet das Wasser, und die Farbe bleibt zurück.

8 ISS REIS MIT STÄBCHEN

Asien ist der größte Kontinent auf unserem Planeten. Er umfasst etwa ein Drittel der gesamten Landmasse und ist über vier Mal größer als Europa. In Asien leben vier Milliarden Menschen, mehr als die Hälfte der Weltbevölkerung.

In China und einigen anderen Ländern Asiens essen die Menschen mit Stäbchen – und das bereits seit rund 3 500 Jahren. Auch Reis, das wichtigste Nahrungsmittel in Asien, wird dort mit Stäbchen gegessen. Wie das geht, erfährst du hier:

1. Klemme das erste Stäbchen in die Kuhle zwischen Daumen und Zeigefinger, die Spitze liegt auf dem Ringfinger. Dieses Stäbchen bewegst du nicht.

2. Das zweite Stäbchen hältst du mit derselben Hand wie einen Stift zwischen Daumen, Zeige- und Mittelfinger. Dieses Stäbchen bewegst du auf und ab zum ersten Stäbchen. So kannst du Gemüse oder Fleisch zwischen die Stäbchen klemmen.

3. Reis lässt sich auf die gleiche Weise essen, wenn er klebrig genug ist. Versuche, kleine Portionen Reis zwischen deine Stäbchen zu klemmen.

4. Führe die Reisstücke vorsichtig zu deinem Mund und lass es dir schmecken.

Sollte der Reis nicht klebrig genug sein, kannst du die Reisschale an deinen Mund führen und dir den Reis mit den Stäbchen in den Mund schieben. In China verstößt das nicht gegen die guten Sitten.

9 SPIELE STREICHHOLZ-SCHACHTELSTAFFEL

Sucht ihr noch ein lustiges Spiel für die nächste Geburtstagsparty? Dann testet doch mal die Streichholzschachtelstaffel. Bildet dazu zwei oder mehr Teams. Für jedes Team wird eine leere Streichholzschachtel benötigt. Legt am Anfang fest, wie oft die Streichholzschachtel durch die Reihe gehen soll.

Nun stellt sich jedes Team in einer Reihe auf. Der erste im Team klemmt sich die Streichholzschachtel (ohne die Schublade) auf die Nase. Sobald die Staffel startet, wird die Schachtel von Nase zu Nase weitergereicht. Aber passt gut auf: Es darf wirklich nur die Nase verwendet werden. Ansonsten muss die Staffel von vorn beginnen. Das gilt auch, wenn die Streichholzschachtel herunterfällt.

Sind zu wenige Leute da, um Teams zu bilden? Dann übt euch im Streichholzschachteltanz! Dabei stellen sich zwei Kinder gegenüber und klemmen sich gemeinsam eine Streichholzschachtel auf ihre Nasen. Versucht zu tanzen, ohne dass die Streichholzschachtel auf den Boden fällt!

10 MACHE SELBER LIMONADE

Die perfekte Erfrischung für heiße Sommertage: leckere Limonade! Dafür musst du nicht in den Supermarkt, sondern kannst sie ganz leicht selber machen. Für die Herstellung von einem Liter Limonade benötigst du:

- 3 Zitronen
- 50 g Zucker
- 1 Prise Salz
- Wasser (Leitungswasser oder Mineralwasser, auch mit Kohlensäure, wenn du magst)
- Eiswürfel

Halbiere die Zitronen und presse den Saft mithilfe einer Zitronenpresse aus. Schütte diesen anschließend in eine Kanne und fülle sie mit dem Wasser auf. Gib nun noch den Zucker und die Prise Salz dazu. Rühre das Ganze gründlich um, der Zucker und das Salz müssen sich ganz auflösen. Fülle die Limonade in Gläser. Gib zum Schluss Eiswürfel hinein, um ein erfrischendes Sommergetränk zu erhalten. Nimm einen Strohhalm, um deine Limonade stilvoll zu schlürfen!

Eine Zitrone enthält ganz schön viel Vitamin C. Die selbstgemachte Limonade ist auch im Winter gut, um Erkältungen vorzubeugen.

11 VERSTEHE DIE BEDEUTUNG DEINER KÖRPERSPRACHE

Du kannst nicht nur mit deinen Worten eine Menge ausdrücken, sondern auch mit deinem Körper. Meistens bewegen wir uns unbewusst, aber beobachte deine Bewegungen und deine Körperhaltung doch mal in bestimmten Situationen, beispielsweise wenn du unsicher bist oder dich freust. Hier einige Körperhaltungen und was sie bedeuten können:

Arme vor dem Körper verschränken:
Man ist verschlossen oder unsicher.

Am Kopf kratzen: Man ist ratlos.

Das Kinn reiben: Man ist nachdenklich.

Den Mund weit öffnen:
Man staunt oder ist überrascht.

Die Faust ballen: Man ist aggressiv.

Die Schultern hochziehen: Man ist ängstlich.

Aufrecht stehen: Man ist selbstsicher.

An die Nase fassen: Man ist gestresst.

Gut zu wissen:
Wissenschaftler haben festgestellt, dass deine Körpersprache Einfluss auf deine Gefühle hat. Das heißt, dass du dich mit einer selbstsicheren Körperhaltung automatisch selbstsicherer fühlst. Deine Kenntnisse über Körpersprache helfen dir also nicht nur dabei, andere Menschen besser zu verstehen, sondern auch, dich selbst besser zu fühlen.

12 ERKENNE BÄUME AN IHREN BLÄTTERN

Wenn die Bäume im Herbst ihr Laub verlieren, macht ein Spaziergang im Wald richtig Spaß. Alles ist dann so bunt und farbenfroh! Und du kannst Blätter sammeln, die am Boden liegen. Die folgende Übersicht hilft dir dabei, häufig vorkommende Laubbäume anhand ihrer Blätter zu bestimmen.

13 BASTLE EINEN PAPIERFLIEGER

Für diesen Bastelspaß brauchst du lediglich ein quadratisches Blatt Papier. Falte mit wenigen Handgriffen einen Papierflieger, der aussieht wie eine Fledermaus und durch dein Zimmer fliegt:

1. Schneide das Quadrat entlang der diagonalen Linie durch. Jetzt hast du zwei dreieckige Papiere zum Falten.

2. Falte das Dreieck einmal in der Mitte zusammen. Öffne es dann wieder.

3. Klappe die untere Spitze entlang Linie 1 nach oben, sodass sie die Kante berührt.

4. Klappe die untere Kante entlang Linie 2 nach oben, sodass sie die obere Kante berührt. Dann wieder öffnen!

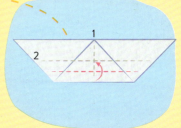

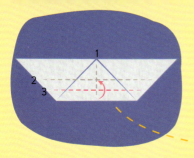

5. Klappe nun die untere Kante entlang Linie 3 nach oben.

6. Knicke die Spitze des Dreiecks über die dicke Kante nach unten um.

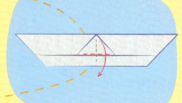

7. Falte die beiden äußeren Fledermausflügel nach außen um.

8. Nimm die Flügelspitzen und ziehe den Flieger M-förmig auseinander.

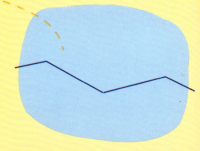

Male den Fledermaus-Flieger noch in knalligen Farben an.

EXPERTENTIPPS

Trimmung
Nimm die Flügelspitzen zwischen Daumen und Zeigefinger und drehe sie sachte zur Flügelvorderseite hin.

Wurfhaltung
Falte vier Fledermäuse, lege sie übereinander und wirf sie alle zusammen nach oben.

14 LUFTGITARRE – SO GEHT'S

Luftgitarre spielen kann jeder, denn man braucht dazu kein Instrument. Du hörst einfach rockige Musik, fühlst dich in die Musik hinein und ahmst die Stars auf der Bühne nach. Halte dabei deine Hände so, als ob du eine E-Gitarre halten würdest. Mit den Fingern imitierst du die Bewegungen eines Gitarristen. Mache auch ein passendes Gesicht dazu, zum Beispiel so, als ob du laut singst. Hier ein paar wichtige Bewegungen für echte Luftgitarren-Profis:

Beinarbeit: Stelle dich breitbeinig hin, während du Luftgitarre spielst. Wenn du beweglich bist, kannst du dabei auch noch deinen Oberkörper nach hinten biegen.

Duckwalk: Der „Entengang" besteht darin, sich in eine halbe Hockstellung zu begeben und auf einem angewinkelten Bein nach vorn zu hüpfen. Das andere Bein wird dabei auf und ab geschwungen. Deine Luftgitarre zeigt nach vorne.

Gleiten: Bei dieser Figur lässt du dich auf deine Knie fallen und rutschst darauf nach vorne, während du weiter auf deiner Luftgitarre spielst.

Windmühle: Halte deine Luftgitarre mit der linken Hand fest. Mit der rechten Hand schlägst du die Saiten in kreisenden Bewegungen: Das sieht aus wie die Flügel einer Windmühle.

Seit 1996 wird in Finnland jedes Jahr eine Luftgitarren-Weltmeisterschaft ausgetragen. Vielleicht bist du ja der zukünftige Weltmeister?

15 KENNE DIE TUGENDEN DER RITTER UND BURGFRÄULEIN

Wer im Mittelalter bei Hofe angesehen sein wollte, musste bestimmte Tugenden mitbringen. Wenn du mit deinen Freunden Ritter oder Burgfräulein spielst, solltest du die folgenden Tugenden beherzigen, die auch heute noch gelten:

1. **Edle Gesinnung** Menschen, die sich vorbildlich verhalten, sind auch für andere ein Vorbild.

2. **Höflichkeit** Höfliche Menschen unterbrechen niemanden beim Sprechen, sondern hören gut zu und warten, bis sie an der Reihe sind.

3. **Anstand** Nach einem Streit muss man sich wieder vertragen. Anständige Menschen machen den ersten Schritt und reichen die Hand zur Versöhnung.

4. **Bescheidenheit** Bescheidene Menschen geben nicht an, machen sich aber auch nicht kleiner als sie sind.

5. **Würde** Gewalt anwenden, lästern, schimpfen? Nein, das ist eines Ritters oder Burgfräuleins nicht würdig.

6. **Großzügigkeit** Ein großzügiger Mensch gibt gerne ab und teilt, besonders dann, wenn es darum geht, anderen Menschen zu helfen.

7. **Treue** Ein treuer Mensch ist jemand, auf den man sich verlassen kann.

8. **Wohlerzogenheit** Bei Tisch beginnt man erst zu speisen, wenn alle ihre Mahlzeit vor sich haben. Man schmatzt nicht und spricht nicht mit vollem Mund.

9. **Tapferkeit** Wer anderen in Notsituationen zur Seite steht, ist ein tapferer Mensch.

16 TELEFONIERE MIT EINEM JOGHURTBECHER

In Zeiten des Mobiltelefons mutet ein Joghurtbecher-Telefon vielleicht steinzeitlich an. Aber es ist doch erstaunlich, wie einfach manche Dinge funktionieren können. Auch ein Telefon. Du brauchst:

- 2 ausgewaschene Joghurtbecher
- 10 m Schnur
- spitze Schere

Stich mit der Schere ein kleines Loch in die Unterseite beider Joghurtbecher. Zieh die Schnur von innen durch die Löcher. Mach ans Ende der Schnur jeweils einen ausreichend großen Knoten, damit sie nicht aus den Bechern herausrutscht.

Und schon kannst du telefonieren. Du und ein Freund nehmen jeweils einen Becher in die Hand. Geht auseinander und haltet die Schnur gespannt. Während einer in den Becher spricht, hält der andere seinen Becher ans Ohr und hört zu.

ERKLÄRUNG

Beim Sprechen wird die Schnur in Schwingung versetzt, und dadurch wird der Schall zum anderen Becher übertragen.

17 TIERISCHES WISSEN

Verblüffe deine Freunde mit tierischem Wissen! Weißt du, …?

… warum Elefanten so große Ohren haben?

Da Elefanten nicht schwitzen können, verwenden sie ihre großen Ohren, um sich abzukühlen. Beim Wedeln mit ihren Ohren können sie Körperwärme abgeben. Afrikanische Elefanten haben größere Ohren als asiatische, da in Afrika die Temperaturen höher sind.

… wie Schildkröten unter Wasser atmen?

Nun, zumindest einige Schildkrötenarten atmen unter Wasser mit ihrem – räusper! – Popoloch.

... warum Delfine beim Schlafen ein Auge offen halten?

Delfine gehen beim Schlafen auf Nummer sicher! Damit kein Hai unbemerkt angreifen kann, schlafen sie mit ihren zwei Gehirnhälften getrennt voneinander. Eine Gehirnhälfte bleibt immer wach und ein Auge immer geöffnet.

... wie sich Giraffen die Ohren reinigen?

Giraffen haben eine sehr lange Zunge, sie kann fast einen halben Meter lang werden. Damit lecken sich Giraffen unter anderem die Ohren sauber.

... wie Wale miteinander „sprechen"?

Wale stoßen unter Wasser lautere Töne aus als jedes andere Tier. Die Walgesänge werden im Wasser über mehrere hundert Kilometer transportiert und können von anderen Walen gehört werden.

18 BACKE MUFFINS

Hast du Lust auf leckere Muffins? Diese kannst du zusammen mit deinen Eltern ganz leicht selbst backen, und zwar ohne Back-mischung. Du benötigst dazu eine 12er-Muffin-Backform und folgende Zutaten:

- 250 g Mehl
- 250 g Butter
- 150 g Zucker
- 4 Eier
- 4 EL Milch
- 1 TL Backpulver

1. Heize den Backofen auf 180 Grad vor, während du den Teig zubereitest.
2. Für die Zubereitung des Teigs gibst du nacheinander alle Zutaten in eine Schüssel. Verrühre diese anschließend gründlich mit einem Handrührgerät, mindestens zwei Minuten lang.
3. Lege die Mulden der Muffin-Form mit bunten Papierförmchen aus. Gib dann jeweils etwa 2 Esslöffel Teig hinein.

4. Nun stellst du die Muffin-Form auf mittlerer Schiene in den Backofen. Lass die Muffins backen, bis sie goldbraun sind. Das dauert maximal eine halbe Stunde.
5. Bevor du die Muffins herausheben kannst, müssen sie gut abkühlen. *Guten Appetit!*

TIPP

Sind dir die Muffins gut gelungen? Beim nächsten Mal kannst du noch mit weiteren Zutaten experimentieren und beispielsweise Kakaopulver oder Blaubeeren hinzufügen.

19 ELEFANTENZAHNPASTA

Wenn du selber mal ein einfaches chemisches Experiment durchführen möchtest, probiere es mit der Herstellung von Elefantenzahnpasta. Elefanten putzen sich zwar nicht die Zähne, aber was du da herstellst, sieht eben aus wie Zahnpasta für Elefanten. Du brauchst dazu:

- 0,5-Liter-Plastikflasche
- etwas warmes Wasser
- 1 TL Trockenhefe
- 100 ml 6%-iges Wasserstoffperoxid (das bekommst du im Drogeriemarkt)
- Lebensmittelfarbe
- etwas Spülmittel

Zieh dir als erstes Gummihandschuhe und eine Schutzbrille an, sicher ist sicher!

Stelle die Plastikflasche auf eine Unterlage, die schmutzig werden darf, etwa in die Mitte eines Backblechs. Vermische zunächst in einer Schüssel gründlich die Trockenhefe mit dem warmen Wasser und lass die Hefe eine Minute lang stehen. Währenddessen füllst du das Wasserstoffperoxid in die Flasche. Danach folgt die Lebensmittelfarbe. Gib noch einen Spritzer Spülmittel dazu. Fülle zum Schluss das Hefewasser in die Flasche – dann lass dich überraschen! Die chemische Reaktion des Wasserstoffperoxids mit der Trockenhefe wird dich zum Staunen bringen.

WICHTIG

Die Elefantenzahnpasta darfst du auf keinen Fall in den Mund nehmen und auch nicht ohne Handschuhe anfassen! Deine Eltern sollten beim Experiment anwesend sein und dir später beim Entsorgen helfen.

20 ERPROBE DEN LOTUSEFFEKT

Wenn sich die Wissenschaft etwas von der Natur abschaut, spricht man von Bionik. Ein Beispiel dafür ist der Lotuseffekt. Dieser Effekt sorgt dafür, dass Wasser und Schmutz von manchen Pflanzen einfach abperlt. Wissenschaftler haben den Lotuseffekt gründlich untersucht, sodass er heute in vielen Bereichen der Technik angewendet wird. Es gibt die unterschiedlichsten Beschichtungsarten, die den Lotuseffekt etwa für Gläser oder Dachziegel ermöglichen.

Der Lotuseffekt kommt bei verschiedenen Pflanzen durch eine bestimmte Oberfläche der Blätter zustande. Diese verhindert, dass ein Tropfen Wasser das Blatt benetzt. Stattdessen bleibt er in Tropfenform und perlt ab.

Du kannst das mit einem Kohlblatt und einem Salatblatt erproben. Gib mit einer Pipette jeweils einige Tropfen Wasser auf ein Weißkohlblatt und auf ein Salatblatt. Du wirst feststellen, dass das Weißkohlblatt den Lotuseffekt zeigt, das Salatblatt hingegen nicht.

Seinen Namen hat der Lotuseffekt übrigens von der Lotosblume, die ebenfalls diese besondere Oberfläche aufweist.

21 KLOPAPIERMUMIEN

Echte Mumien sind gruselig, aber eine Klopapiermumie ist einfach nur lustig! Für dieses Gruppenspiel braucht ihr jede Menge Klopapier und Klebeband.

Teilt euch in mehrere Teams ein. Jedes Team bestimmt einen Teilnehmer als Mumie. Dann geht es los: Die Mumie wird von den anderen Teilnehmern des Teams so schnell wie möglich in Klopapier eingewickelt. Der ganze Körper soll bedeckt sein. Nur Mund und Nase bleiben frei, damit die Mumie noch atmen kann. Seid beim Einpacken nicht allzu hektisch, damit niemand blaue Flecke bekommt!

Zum Schluss wird die Mumie vom Team zur Mumiengruft getragen oder geführt. Als Mumiengruft kann beispielsweise das Sofa im Wohnzimmer dienen oder ein anderer Ort, den ihr zuvor festlegt. Das Klopapier darf hierbei nicht zerreißen. Das Team, das seine Mumie zuerst in die Gruft gebracht hat, ist Sieger des Spiels.

Weißt du, was eine Mumie ist? So nennt man einen Leichnam, der vor Verwesung geschützt ist. Auf der nächsten Doppelseite erfährst du noch mehr zu diesem Thema.

Eine der ältesten Mumien, die je gefunden wurden, ist der „Ötzi". Diese Mumie stammt aus den Ötztaler Alpen und ist bereits über 5 000 Jahre alt. Der Leichnam des Ötzi wurde durch eine Eismasse vor der Verwesung geschützt. Gründliche Untersuchungen der Mumie ergaben, dass der Ötzi vermutlich durch einen Pfeilschuss getötet wurde.

Neben Mumien, die auf natürliche Weise vor Verwesung geschützt wurden – eben durch Eis oder ein Moor – hat der Mensch auch künstliche Methoden entwickelt, um einen Leichnam vor Verwesung zu schützen.

Besonders die Alten Ägypter sind für ihre Mumien berühmt. Dort wurden Leichname erst gesäubert und dann in Natron eingelegt. Das Salz entzog dem Körper alle Flüssigkeiten. Nach etwa sechs Wochen wurde der ausgetrocknete Körper mit Ölen und Gewürzen gesalbt und dann in etliche Meter Leinenstreifen eingewickelt. Schließlich legte man die Mumie in einen Sarg.

Es gibt aber auch neuere Mumien. Eine sehr berühmte Mumie ist die von Rosalia Lombardo. Rosalia war ein kleines Mädchen, das 1920 an der Spanischen Grippe starb. Ihr Vater ließ sie einbalsamieren und in einer Gruft in Palermo bestatten. Rosalias Mumie gilt heute als eine der am besten erhaltenen Mumien der Welt.

22 MIXE KINDER-COCKTAILS

Immer nur Sprudel und Saft ist dir zu langweilig? Dann mixe doch mal einen leckeren Cocktail für deine Freunde. Wie wäre es beispielsweise mit einem Strawberry Kiss – einem „Erdbeerkuss"? Du benötigst als Zutaten für diesen Cocktail:

- 20 ml Erdbeersirup
- 20 ml Orangensaft
- 20 ml Mangonektar
- 60 ml Maracujanektar
- 20 ml flüssige Sahne
- Eiswürfel

Gib alle Zutaten, auch die Eiswürfel, in einen Shaker und schüttle deinen Cocktail kräftig durch. Fülle den fertigen Cocktail anschließend in ein schönes Glas. Garniere das Glas mit einer Erdbeere und genieße ihn mit einem Strohhalm.

Mmmmmhhhhh!

Schon gewusst? Das englische Wort Cocktail bedeutet „Hahnenschwanz".

23 BASTLE EINE MILCHTÜTEN-LATERNE

Bloß nicht alles sofort wegwerfen! Aus vielen Verpackungen lassen sich noch schöne Dinge basteln, beispielsweise aus einer leeren, gut ausgespülten Milchtüte. Diese lässt sich in eine hübsche Laterne verwandeln, und zwar so:

1. Wähle eine Milchtüte mit Schraubverschluss und schraube den Deckel ab. Diese Öffnung soll der Kamin eines Hauses sein.

2. Schneide mit einem Messer vorsichtig eine Tür in den unteren Teil deiner Milchtüten-Laterne.

3. Schneide anschließend Fenster auf jede Seite in den oberen Teil der Laterne. Wie viele es sein sollen, kannst du selbst entscheiden.

4. Male nun die Laterne mit Acrylfarben an und klebe buntes Transparentpapier über die verschiedenen Fensteröffnungen. Mach aus der leeren Verpackung ein richtig schönes Milchtüten-Laternen-Haus!

5. Stelle ein LED-Teelicht in die Laterne und lass sie leuchten! Wenn du ein richtiges Teelicht verwenden möchtest, lass dir von deinen Eltern beim Anzünden helfen. Eine angezündete Kerze darf nie unbeaufsichtigt bleiben!

TIPP

Auch aus anderen leeren Getränkekartons lassen sich schöne Laternen basteln. Durch die verschiedenen Kartongrößen entsteht dann eine bunte Laternenstadt.

24 WERDE WELT-RETTER

Müllberge, Wassermangel, Naturkatastrophen, Hungersnöte ... Was du manchmal so in den Nachrichten mitkriegst, kann dir ganz schön Angst machen! Aber gegen Angst hilft bekanntlich am besten, etwas dagegen zu unternehmen. Möchtest du deinen Teil dazu beitragen, die Welt ein Stückchen besser zu machen? Dann beherzige einen oder mehrere der folgenden Tipps:

1. Brauchst du wirklich so viel Spielzeug? Für die Herstellung von Spielsachen werden Wasser und andere wichtige Rohstoffe oder Materialien verbraucht. Die meisten Sachen landen dann nach kurzer Zeit im Schrank. Überleg dir zukünftig gut, ob du ein neues Spielzeug wirklich brauchst und haben willst! Wenn du ein Spielzeug nicht mehr haben willst, verschenke es doch an eine bedürftige Familie oder spende es dem Roten Kreuz.

2. Spare daheim und in der Schule Energie, wann immer es möglich ist! Muss beispielsweise das Licht in deinem Zimmer brennen, wenn du bei deinen Eltern im Wohnzimmer sitzt? Nein, deshalb schalte es aus! Oder muss beim Zähneputzen das Wasser laufen? Nein, drehe deshalb das Wasser ab!

3. Übernimm Verantwortung für ein Stück Natur! Du kannst beispielsweise auf dem Schulweg ein Stückchen Wegrand zu deinem Gebiet erklären, und es regelmäßig von Müll und Unrat befreien.

4. Wenn du deine Eltern beim Einkaufen begleitest, bitte sie, mehr biologische Produkte in den Einkaufswagen zu legen. Biologische Produkte sind besser für die Umwelt, da sie nachhaltig hergestellt werden. Meistens sind Bio-Produkte auch gesünder, da bei der Herstellung auf die verschiedensten Chemikalien verzichtet wird.

5. Erst ist es eine Verpackung, danach Müll! Wenn du beispielsweise Obst kaufst, nimm lieber das ohne Verpackung. Und die Einkäufe lassen sich in einer umweltfreundlichen Stofftasche genauso gut nach Hause tragen wie in einer Plastiktüte.

6. Es gibt viele Organisationen, die sich dem Schutz der Umwelt widmen. Wenn du helfen willst, kannst du diesen Organisationen Geld spenden, zum Beispiel einen Teil deines Geburtstagsgeldes. Du kannst dir auch direkt eine Spende für eine solche Organisation zum Geburtstag wünschen.

7. Musst du dich wirklich mit dem Auto zur Schule gebracht werden? Fahr doch lieber Fahrrad oder geh zu Fuß. Vielleicht gibt es andere Schüler in deiner Nachbarschaft, die dich begleiten können?

25 FINGERHAKELN

Weißt du, woher die Redewendung „jemanden über den Tisch ziehen" kommt? Sie stammt vom Fingerhakeln, einem Volkssport aus den Alpen. Durch das Fingerhakeln kannst du mit Freunden deine Kräfte messen, oder ihr könnt damit auch einen Streit austragen. Die wichtigste Regel beim Fingerhakeln lautet: Wenn es zu sehr weh tut, hört auf, denn sonst drohen Verletzungen!

Zum Fingerhakeln setzt ihr euch an einem Tisch gegenüber. Nun hakt ihr die Zeigefinger jeweils einer Hand (rechts oder links) ineinander ein. Dann beginnt ihr zu ziehen. Ziel ist es, die Hand des Gegners über die eigene Tischkante zu ziehen:
Dann bist du der Sieger!
Übrigens wird das Fingerhakeln auch als richtiger Sport betrieben, dabei werden die Finger allerdings in einen Lederriemen eingehakt.

Eine weitere gute Methode zum Kräftemessen ist das Armdrücken. Auch beim Armdrücken setzt ihr euch an einem Tisch gegenüber. Jeder stellt einen Ellbogen auf den Tisch und ihr fasst euch an den Händen. Das Ziel beim Armdrücken ist es, den Handrücken des Gegners auf die Tischplatte zu drücken.

26 STELLE SELBER ZAHNCREME HER

Wenn deine Milchzähne ausgefallen sind, wachsen dir Zähne, die du möglichst das ganze Leben behalten möchtest. Regelmäßig und gründlich die Zähne zu putzen, schafft dafür gute Voraussetzungen. Zum Zähneputzen benötigst du nicht unbedingt Zahncreme aus dem Supermarkt – du kannst sie einfach selber für die ganze Familie herstellen, ohne fragwürdige Zusatzstoffe.
Dazu brauchst du:

- 50 g Kokosöl
- 30 g Natron
- 1 TL Xylit (Birkenzucker)*
- 1 Prise Meersalz
- Pfefferminzöl (je nach Geschmack)

* Dieser Zucker ist für die Zähne nicht schädlich, sondern beugt sogar Karies vor.

Schmelze das Kokosöl vorsichtig bei niedriger Hitze und mische das Natron, den Birkenzucker und das Salz darunter. Beim Erhitzen am Herd sollten deine Eltern dabei sein und aufpassen! Gib zum Schluss einige Tropfen Pfefferminzöl dazu, um einen frischen Geschmack zu erhalten. Fülle die Paste dann in ein kleines Glas mit Schraubverschluss.

Die Zahncreme kühl und trocken lagern und rasch aufbrauchen, also: *Zähne putzen, was das Zeug hält!*

27 BASTLE EINE GENIALE GEBURTSTAGSKARTE

Geburtstagskarten kann man kaufen, muss man aber nicht. Vielleicht hast du Lust, eine geniale 3D-Karte selbst zu basteln? Du benötigst dazu zwei Bögen Tonkarton, eine Schere, Kleber sowie Stifte. Hier ist die Anleitung:

1. Falte die beiden Kartonbögen in der Mitte.

2. Auf einem der Kartonbögen soll in der Mitte ein Gabentisch entstehen. Dazu schneidest du links und rechts jeweils einen Schlitz in das Papier, wobei du auf gleiche Abstände zur Kartonmitte und den Seitenrändern achtest.

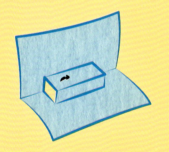

3. Wenn du den Kartonbogen aufklappst, kannst du nun durch die Schlitze den Tisch ausklappen. Wenn du magst, schneide unten am Tisch noch die Tischbeine aus, das ist jedoch schon etwas schwieriger und nicht unbedingt erforderlich.

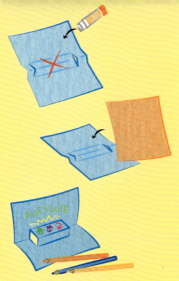

4. Bestreiche den Kartonbogen mit dem Tisch auf einer Seite mit Papierkleber. Nur den Tisch selbst sparst du aus.

5. Klebe den anderen Kartonbogen darauf.

6. Jetzt kannst du den Tisch und die gesamte Tischplatte noch nach Herzenslust mit Buntstiften gestalten.

Wenn der Empfänger deiner Geburtstagskarte die Karte aufklappt, wird automatisch der Tisch mit aufgeklappt.

TIPP

Schneide aus alten Zeitschriften Bilder von Kuchen, Geschenken usw. aus und klebe diese auf den Geburtstagskartentisch. Du kannst auch Fotos von dir und dem Kartenempfänger ausschneiden und aufkleben – so als würdet ihr gemeinsam am Tisch sitzen und feiern!

28 GARTEN-KEGELSPIEL

Im Garten kommt normalerweise keine Langeweile auf. Da wird getobt, geforscht, gefaulenzt – und ab sofort auch gekegelt. Für dein Garten-Kegelspiel benötigst du neun leere Plastikflaschen sowie einen mittelgroßen Ball. Damit die Flaschen besser stehen, kannst du sie alle mit etwa gleich viel Wasser befüllen.

Als Kegelbahn dient der gemähte Rasen oder die Terrasse. Stelle die neun Plastikflaschen in einer Dreiecksform auf, und zwar so, dass eine Spitze des Dreiecks zu dir weist. Ziehe im Abstand von ein paar Metern zu den Kegeln eine Linie, an der ihr euch aufstellt. Nun rollst du den Ball über den Boden und versuchst, mit drei Würfen möglichst viele Kegel umzuwerfen. Jeder umgeworfene Kegel zählt einen Punkt. Wer alle Neune auf einmal umkegelt, erhält drei zusätzliche Punkte.

Um den Schwierigkeitsgrad zu erhöhen, stellt euch in größerem Abstand zu den Kegeln auf. Ihr könnt außerdem einen kleineren Ball verwenden, sodass es noch schwieriger wird, die Kegel zu treffen.

WICHTIG

In der Nähe der Kegelbahn sollte sich nichts Zerbrechliches befinden, sonst könnte beim Spielen womöglich etwas zu Bruch gehen.

29 SONNENCREME-EXPERIMENT

Ohne Sonne gäbe es auf der Erde kein Leben. Die Sonne ist unsere Heizung. Obwohl sie rund 150 Millionen Kilometer von der Erde entfernt ist, spüren wir hier ihre Wärme. Aber aufgepasst! Sonnenstrahlen können für die Haut gefährlich werden, zumindest dann, wenn du dich der Strahlung zu lange aussetzt. Einen gewissen Schutz gegen diese Strahlung bieten Sonnencremes.

Du kannst die Wirkung einer Sonnencreme mit schwarzem oder dunkelblauem Bastelpapier testen. Knicke das Papier in zwei Hälfen. Eine der Hälften bestreichst du mit Sonnencreme, die andere Hälfte lässt du frei. Lege das Papier anschließend einen Tag lang in die pralle Sonne, zum Beispiel im Garten oder auf dem Balkon. Fixiere das Papier bei Bedarf mit einem Stein. Achte außerdem darauf, dass wirklich ständig die Sonne darauf scheint.

Was kannst du nach einigen Stunden feststellen? Die Sonne bleicht die nicht eingecremte Hälfte aus, während die andere Hälfte ihre Farbe behält.

Wievielmal länger du mit Sonnencreme in der Sonne bleiben kannst als ohne, bestimmt der Lichtschutzfaktor (LSF) der Sonnencreme. Bei einer Sonnencreme mit LSF 10 kannst du dich also beispielsweise zehn Mal länger in der Sonne aufhalten als die Zeitdauer, die du ungeschützt in der Sonne verbringen könntest, ohne rot zu werden.

30 PFLANZEN BRAUCHEN LICHT

Ist dir schon aufgefallen, dass sich eine Sonnenblume immer zur Sonne dreht? Pflanzen lieben das Licht, und sie brauchen es auch zum Wachsen. Das kannst du ganz leicht mit einem Experiment erforschen. Dazu brauchst du einen Pflanzenkeimling, beispielsweise eine Bohnenpflanze, außerdem einen Schuhkarton und vier kleinere Pappstreifen, dazu Klebeband und als Bastelwerkzeug eine Schere.

Schneide in eine Schmalseite des Schuhkartons eine viereckige Öffnung. Mithilfe der vier Pappstreifen gestaltest du innen im Karton ein kleines Labyrinth: Falte die Pappstreifen seitlich und befestige sie mit dem Klebeband am Kartonrand. Die Abbildung zeigt dir, wie das Ganze aussehen soll. Stelle den Karton so auf, dass sich die Öffnung oben befindet. Unten stellst du den Pflanzenkeimling samt Topf rein. Verschließe den Schuhkarton und klebe den Deckel fest.

Stelle den Karton an einen sonnigen Platz. Du wirst nach einigen Tagen feststellen, dass sich die Pflanze ihren Weg durch das Labyrinth hin zum Licht bahnt.

SO MACHEN ASTRONAUTEN PIPI

31

Nicht nur Babys und Kleinkinder tragen Windeln, sondern auch Astronauten – zumindest beim Flug ins Weltall. Durch die starke Beschleunigung kommt es früher oder später zur Entleerung der Blase. Von dort geht das Pipi dann in die Windel. Eine Astronautenwindel hat ein Fassungsvermögen von eineinhalb Litern Flüssigkeit.

Auch in der Umlaufbahn der Erde ist das Pipimachen für die Astronauten nicht gerade einfach. Dort herrscht nämlich Schwerelosigkeit. In der Schwerelosigkeit können Astronauten buchstäblich fliegen, aber eben auch das Pipi. Wenn ein Astronaut versuchen würde, ein gewöhnliches Klo zu benutzen, würden die Pipitropfen einfach in der Luft herumschweben. Deshalb verfügt ein Astronautenklo über ein Saugrohr, mit dem das Pipi abgesaugt wird.

Und wie waschen sich Astronauten nach dem Toilettengang die Hände? Jedenfalls nicht unter dem Wasserhahn, denn auch das klappt nicht aufgrund der Schwerelosigkeit. Astronauten wischen sich die Hände mit feuchten Tüchern sauber.

32 ERRICHTE EINE WALDHÜTTE

Ob für ein freiwilliges Abenteuer oder für den Notfall: Es ist immer gut zu wissen, wie man im Wald eine Hütte errichtet.

Achte zunächst auf den richtigen Lagerplatz. Dieser sollte möglichst trocken und vor Wind und Wetter geschützt sein. Außerdem solltest du nicht weit gehen müssen, um Trinkwasser oder Holz für ein Lagerfeuer zu holen.

Suche für deine Waldhütte fünf lange, gerade Äste. Binde jeweils zwei der Äste an einem Ende zusammen und spreize sie anschließend am Boden auseinander. Stelle die beiden Zwei-Ast-Konstruktionen gegenüber und lege den fünften Ast als Dachfirst darauf. Das ist das Grundgerüst der Waldhütte.

Bedecke das Grundgerüst nun mit weiteren Ästen und Zweigen. Falls es regnen sollte, wäre eine Plastikplane natürlich von Vorteil.

Bevor du deine Waldhütte betrittst, rüttle daran, um sie auf ihre Stabilität zu prüfen!

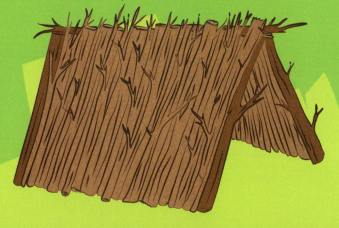

33 KENNE DIE RÖMISCHEN ZAHLEN

Die Ziffern, die wir heute verwenden, sind die arabischen Ziffern 0, 1, 2, 3, 4, 5, 6, 7, 8 und 9. Bei den alten Römern waren diese noch unbekannt. Sie verwendeten zum Rechnen diese Ziffern:

I = 1
V = 5
X = 10
L = 50
C = 100
D = 500
M = 1000

Wenn die Römer eine Zahl bilden wollten, schrieben sie einfach die Ziffern nebeneinander, und zwar in der Reihenfolge von der größten zur kleinsten. Die Zahl 16 wird auf Römisch zum Beispiel so dargestellt: XVI.

Es dürfen aber jeweils nur drei gleiche Ziffern nebeneinanderstehen, sonst tritt eine weitere Regel in Kraft: Die niedrigere Zahl wird dann von der nächsthöheren abgezogen. Die Zahl 14 wird auf Römisch also nicht XIIII geschrieben, sondern XIV.

Römische Zahlen werden auch heute noch verwendet. So werden beispielsweise Päpste oder Könige mit römischen Zahlen gezählt, in manchen Büchern werden damit Abschnitte gekennzeichnet, und auf dem Zifferblatt vieler Uhren sind ebenfalls römische Zahlen abgebildet.

Paul wurde im Jahr 2009 geboren. Wie schreibst du sein Geburtsjahr mit römischen Ziffern?

Lösung: MMIX

34 VERSTEHE DEINE TRÄUME

Wenn du schläfst, bist du zwar nicht bei Bewusstsein, aber dein Gehirn ist weiterhin aktiv. Dies äußert sich unter anderem darin, dass du träumst. Träume haben die Menschen schon immer fasziniert. Du verarbeitest mit ihnen Ereignisse des Vortags, Ereignisse, die schon weit zurückliegen, aber auch Ereignisse während des Schlafs.

Angenommen, du schläfst während des Fernsehens ein. Dann kann es gut sein, dass du den Film, der gerade läuft, und seine Geräusche mit in deinen Traum einbaust.

Träume können aber auch eine tiefere Bedeutung haben. Alles, was in deinen Träumen vorkommt, kann ein Symbol für etwas anderes sein.

Der berühmte Psychiater Sigmund Freud hat den Traum einmal als „Königsweg zum Unbewussten" bezeichnet.

Denn im Traum wird nicht nur das verarbeitet, was man bewusst erlebt hat, sondern eben auch das, was unbewusst geblieben ist.

Besonders faszinierend sind die Klarträume. So nennt man Träume, bei denen man sich während des Traums bewusst wird, dass man gerade träumt. Manche Menschen behaupten, dass sie solche Klarträume bewusst steuern und darin beispielsweise Rundflüge durch die Luft unternehmen können.

Am häufigsten kommen Träume während des sogenannten REM-Schlafs vor. Die Abkürzung REM steht für „Rapid Eye Movement", schnelle Bewegung mit den Augen. Denn die Augen sind während des REM-Schlafs sehr aktiv, wenn auch bei geschlossenen Augenlidern.

35 BAUE EINEN KOMPASS

Es gibt verschiedene Methoden, sich in der Wildnis zu orientieren, beispielsweise am Sonnenstand oder am Moosbewuchs an einem Baumstamm. Am sichersten ist aber ein Kompass, denn ein Kompass zeigt dir zuverlässig die Nord-Süd-Richtung an. Dies liegt daran, dass die Erde magnetisch ist. Der Nord- und der Südpol bilden die Pole dieses Magneten.

Einen Kompass kannst du leicht selbst basteln. Du brauchst dazu eine Nadel, einen Korken sowie einen Magneten. Streiche mit der Nadel mehrmals in die gleiche Richtung über den Magneten, um das Metall zu magnetisieren. Stich die Nadel anschließend durch den Korken. Falls die Nadel nicht lang genug ist, halbiere den Korken einfach.

Lege diese Konstruktion in eine Schale mit Wasser. Du wirst feststellen, dass der Kompass sich nach einigem Drehen in der Nord-Süd-Richtung ausrichtet. Bestimme zum Schluss, beispielsweise anhand des Sonnenstandes, welcher Teil der Nadel nach Norden und welcher nach Süden weist.

GUT ZU WISSEN

Auf einer Landkarte ist Norden in der Regel oben.

36 KASTANIENFIGUREN

Herbstzeit ist Bastelzeit! Wenn im Herbst die Kastanien von den Bäumen fallen, nimm eine Tüte und sammle sie ein. Du kannst damit tolle Natur-Kunstwerke gestalten. Starte mit einfachen Kastanienfiguren. Du brauchst dazu eine große und drei kleine Kastanien, einige Streichhölzer und als Werkzeug einen Handbohrer.

Die große Kastanie dient als Körper. Bohre in diese Kastanie fünf kleine Löcher im Streichholzumfang (lass dir dabei am besten von einem Erwachsenen helfen!): ein Loch oben, um den Kopf zu befestigen, zwei Löcher seitlich für die Arme und zwei Löcher unten für die Beine. Stecke in jedes der Löcher ein Streichholz.

Bohre unten in eine der kleinen Kastanien ein Loch und stecke sie auf das Streichholz, das oben aus dem Körper herausragt. Verfahre genauso mit den anderen beiden kleinen Kastanien, die als Füße dienen.

Zum Schluss kannst du deiner Kastanienfigur noch Augen und einen Mund aus Papier aufkleben, wenn du magst.

Sei kreativ! Welche Figuren kannst du aus den Kastanien noch gestalten?

BASTLE EINEN TÜTEN-DRACHEN

Wenn im Herbst der Wind stärker wird, geh ins Freie und lass einen Drachen steigen. Falls du keinen Drachen hast, bastle dir selbst einen. Alles, was du dazu brauchst, ist eine Plastiktüte, Trinkhalme ohne Knick, einen kleinen Schlüsselring, eine sehr lange Schnur sowie Klebeband und Schere. So gehst du zum Basteln vor:

1. Schneide aus der Plastiktüte die Form aus, wie du sie in der Abbildung siehst.

2. In der Mitte des Drachens erkennst du ein Viereck. Befestige mit dem Klebeband auf jeder Seite des Vierecks Trinkhalme, um deinem Drachen Stabilität zu geben.

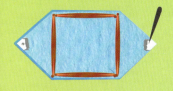

3. An den Seiten des Drachens siehst du jeweils ein Dreieck. Klebe an die Spitze jedes Dreiecks Klebeband und bohre anschließend ein Loch durch.

4. Schneide von der Schnur etwa einen Meter ab und fädle den Schlüsselring darauf.

5. Knote die beiden Enden dieser Schnur in den beiden Löchern im Drachen fest.

6. Die verbliebene Schnur verknotest du mit dem Schlüsselring: Das ist die Drachenschnur, mit der du den Drachen durch den Wind sausen lässt.

Stelle dich mit deinem Drachen in den Wind. Halte ihn nach oben und lauf einige Schritte. Wenn der Wind den Drachen erfasst, gib ihm langsam immer mehr Schnur.

Ist dir der Drachen noch nicht schön genug? Dann kannst du ihn zum Beispiel mit einem Schwanz aus bunten Papierstreifen verzieren.

38 SOCKEN-POI

Ein Poi ist ein Ball, der an einem Halteband durch die Luft geschwungen wird. Wenn in jeder Hand ein Poi gehalten wird, lassen sich damit richtig kunstvolle Figuren erzeugen. Die Poi kannst du dir aus einem Paar (lochfreier) Kniestrümpfe, zwei Plastikbeutel, Sand und Klebeband selbst basteln:

1. Fülle den Sand in die Plastikbeutel. Wie viel Sand du verwendest, richtet sich danach, wie schwer deine Poi werden sollen. Achte darauf, dass beide Beutel ungefähr gleich schwer sind.

2. Versiegle die Plastikbeutel gründlich mit dem Klebeband, sodass kein Sand herausrieseln kann.

3. Stecke jeweils einen Sandbeutel ganz unten in einen Kniestrumpf.

4. Fehlen noch die Halteschlaufen: Um diese zu erhalten, schneidest du jeden Kniestrumpf an der offenen Seite zweimal ein und verknotest gründlich die so erhaltenen Bänder. Achte hierbei darauf, einen Platz für deine Finger zu lassen.

Schon kannst du deine Pois durch die Luft kreisen lassen.

Viel Spaß dabei!

Das Wort Poi stammt aus der Sprache der neuseeländischen Ureinwohner, der Maori. Es bedeutet schlicht und ergreifend „Ball".

39 LERNE DREI STERNBILDER KENNEN

Um die Sterne am Nachthimmel leichter auseinanderhalten zu können, wurde er in 88 verschiedene Sternbilder unterteilt – vom Sternbild „Achterdeck des Schiffes" bis zum Sternbild „Zwillinge". Lerne drei Sternbilder kennen und versuche, diese am klaren Nachthimmel zu entdecken:

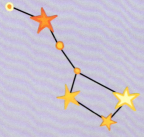

Großer Wagen

Der „Große Wagen" sieht aus wie ein Wagen mit einer Deichsel – lediglich die Räder fehlen. Der Große Wagen ist eigentlich ein Teilsternbild des Sternbildes „Großer Bär".

Kassiopeia

Kassiopeia ist eine Figur der griechischen Mythologie. Das nach ihr benannte Sternbild sieht aus wie ein W.

Kleiner Bär

Das Sternbild „Kleiner Bär" wird manchmal auch als „Kleiner Wagen" bezeichnet. Der hellste Stern in diesem Sternbild ist der Polarstern. Dieser Stern zeigt dir die Nordrichtung an, sodass du dich nachts an ihm orientieren kannst.

BAUE EINE BLUMENTOPFTROMMEL

Willst du musizieren? Dann bastle dir aus einem Tonblumentopf und mehreren Bögen Transparentpapier eine Trommel.

Setze dazu zunächst Tapetenkleister an. Auf der Packung ist beschrieben, wie das geht. Du kannst aber auch deine Eltern bitten, dir zu helfen.

Streiche den Kleister auf den ersten Bogen Transparentpapier und klebe ihn stramm über die Öffnung des Blumentopfs. Den zweiten Bogen Transparentpapier klebst du nun quer über den ersten. Den dritten Bogen klebst du quer über den zweiten. Einen vierten Bogen klebst du quer über den dritten. Achte darauf, dass du das Transparentpapier glatt aufklebst. Du darfst es dabei nicht beschädigen.

Lass das Ganze trocknen. Dann ist deine Trommel eigentlich schon fertig. Du kannst sie nun aber noch bemalen und verzieren, beispielsweise mit Federn.

Beim Trommeln bist du völlig frei. Trommle doch mal in einem Rhythmus, wie du ihn aus Indianerfilmen kennst. Oder höre ein Musikstück und trommle den Takt dazu.

41 ZWANZIG ZIEMLICH VERZWICKTE ZUNGENBRECHE

Einen Zungenbrecher einmal fehlerfrei zu sprechen, mag dir gelingen. Aber schaffst du es auch zehn Mal hintereinander, während du mit jedem Mal schneller wirst? Veranstalte einen Zungenbrecher-Wettbewerb mit deinen Freunden oder Geschwistern!

1. Zwischen zwei Zwetschgenzweigen sitzen zwei zwitschernde Schwalben.
2. Peter packt pausenlos prima Picknickpakete.
3. Sechzig tschechische Chefchemiker scheuchen keusche chinesische Mönche in seichte Löschteiche.
4. Fischers Fritze fischt frische Fische, frische Fische fischt Fischers Fritze.
5. Auf den sieben Robbenklippen sitzen sieben Robbensippen, die sich in die Rippen stippen, bis sie von den Klippen kippen.

6. Gute Glut grillt Grillgut gut.
7. Schmalspurbahnschienen sind schmaler als Breitspurbahnschienen.
8. In Ulm und um Ulm und um Ulm herum.
9. Der Streusalzstreuer zahlt keine Streusalzstreuersteuer.
10. Zehn zahme Ziegen zogen zehn Zentner Zucker zum Zoo.
11. Brautkleid bleibt Brautkleid und Blaukraut bleibt Blaukraut.
12. Mondschein schien schon schön, schön schien schon Mondschein.
13. Zwischen zwei spitzen Steinen saßen zwei zischelnde Zischelschlangen und zischten.
14. Der Cottbusser Postkutscher putzt den Cottbusser Postkutschkasten.
15. Als Anna abends aß, aß Anna abends Ananas.
16. Der Flugplatzspatz nahm auf dem Flugplatz Platz.
17. Der Kaplan Klapp plant ein klappbares Pappplakat.
18. Im Keller kühlt Konrad Kohlköpfe aus Kassel.
19. Hundert hurtige Hunde hetzen hinter hundert hurtigen Hasen her.
20. Esel essen Nesseln gern, Nesseln essen Esel gern.

42 LERNE OHRENDRUCK AUSZUGLEICHEN

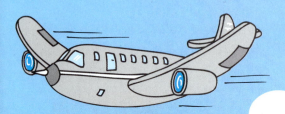

Wer schon mal verreist ist, kennt das: Ihr fahrt mit dem Auto ins Gebirge oder fliegt mit dem Flugzeug an einen schönen Ort, und du spürst plötzlich Druck in den Ohren. Dieser Ohrendruck kommt durch die Veränderung des Luftdrucks zustande. Normalerweise herrscht auf beiden Seiten des Trommelfells im Ohr der gleiche Luftdruck, nicht jedoch bei einer schnellen Druckveränderung.

Um den Ohrendruck auszugleichen, kann es manchmal helfen, einfach kräftig zu gähnen und zu schlucken. Eine weitere gute Methode besteht darin, Kaugummi zu kauen. Wenn das nicht hilft, wende das Valsalva-Manöver an, das nach dem italienischen Arzt Antonio Maria Valsalva (1666-1723) benannt wurde. Halte dabei mit Daumen und Zeigefinger deine Nase zu und verschließe mit der restlichen Hand deinen Mund. Versuche dann, durch die Nase auszuatmen. Spürst du die Veränderung in den Ohren?

Luft ist, wie du weißt, zwar ziemlich leicht, aber die Masse macht's: Auf einem einzigen Quadratmeter Erde lasten rund 10 000 kg Luft. Je höher du steigst, desto geringer wird aber der Luftdruck.

43 VERSTECKE GEHEIME BOTSCHAFTEN

Möchtest du einem Freund oder einer Freundin eine geheime Botschaft übermitteln, beispielsweise beim Detektivspiel? Dazu gibt es unendlich viele Möglichkeiten.

* Verstecke die geheime Botschaft in der Stadtbücherei in einem Buch, für das sich kein Mensch interessiert. Dem Empfänger der geheimen Botschaft musst du dann lediglich mitteilen, in welchem Buch und auf welcher Seite sich die geheime Botschaft verbirgt.

* Nimm einen Kaugummistreifen vorsichtig aus dem Papier und wickle ihn aus der Alufolie. Statt des Kaugummis legst du nun einen Zettel mit einer geheimen Botschaft in die Alufolie und verschließt wieder alles sorgfältig. Den „Kaugummi" kannst du einer anderen Person besonders unauffällig zustecken.

* Schreibe die geheime Botschaft auf einen kleinen Zettel. Schraube dann einen Kugelschreiber auseinander und wickle die geheime Botschaft um die Kulimine. Schraube den Kugelschreiber wieder zu. Fertig ist das Versteck!

Für geheime Botschaften, die nicht so eilig waren, wurde vor über 2 500 Jahren manchmal diese Methode verwendet: Einem Boten wurden die Haare abrasiert und die geheime Botschaft wurde ihm auf die Glatze tätowiert. Wenn die Haare nachgewachsen waren, schickte man ihn zum Nachrichtenempfänger.

44 STELLE SELBER SEIFE HER

Seife ist der wohl wichtigste Hygieneartikel. Mit wenig Aufwand kannst du sie selber herstellen – für dich selbst oder als wohlriechendes Geschenk. Für die Herstellung von Seife brauchst du:

- 100 g Seifenflocken (du kannst sie aus Glyzerinseifenmasse raspeln, aber auch aus alten Seifenresten)
- 2 TL Sonnenblumenöl
- Duftöl (je nach Geschmack)
- warmes Wasser

Gib die Seifenflocken in eine Schüssel. Rühre nach und nach das warme Wasser darunter, und zwar gerade so viel, dass du eine schöne Seifenmasse erhältst. Füge der Seifenmasse noch die zwei Teelöffel Öl hinzu. Wenn du magst, gib außerdem ein paar Tropfen eines Duftöls dazu, damit die Seife einen angenehmen Geruch bekommt. Knete das Ganze gründlich durch. Gib der Seife anschließend eine beliebige Form: Knete ein Herz daraus oder ein Tier, was du magst. Lass die Seife mindestens zwei Wochen trocknen, bevor du sie verwendest!

45 SELBSTAUFBLASENDER LUFTBALLON

Von der letzten Geburtstagsfeier sind noch Luftballons übrig? Dann mach doch mal folgendes Experiment:

1. Fülle eine kleine Flasche mit etwas Essig. Am besten verwendest du zum Befüllen einen Trichter.
2. Als nächstes füllst du in den Luftballon eine Tüte Backpulver. Das Backpulver enthält Natron, und Natron wird für das Experiment benötigt.

3. Stülpe die Öffnung des Luftballons auf die Öffnung der Flasche. Achte darauf, dass noch kein Backpulver in die Flasche rieselt.

4. Erst wenn der Luftballon fest auf dem Flaschenhals sitzt, hebst du ihn an, um das Backpulver in den Essig rieseln zu lassen.

Was stellst du fest?
Der Luftballon bläst sich auf. Dieser Effekt kommt durch eine chemische Reaktion zustande, bei der Kohlenstoffdioxid (CO^2) gebildet wird.

46 ERLERNE DIE BLINDENSCHRIFT

Auch Blinde können lesen, und zwar, indem sie Zeichen mit ihren Händen ertasten, die als Relief in Papier gepresst werden. Am weitesten verbreitet ist die Brailleschrift, die der Franzose Louis Braille im 19. Jahrhundert schon als Jugendlicher entwickelte. Die Brailleschrift ist eine Punktschrift, bei der die Buchstaben und anderen Zeichen durch die unterschiedliche Anordnung von bis zu sechs Punkten gebildet werden. Dies sind die „Buchstaben" von A-Z:

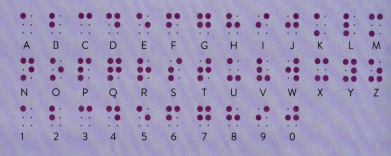

TIPP

Die Brailleschrift kannst du mit deinen Freunden auch als Geheimschrift beim Detektivspiel verwenden, indem du die Buchstaben deiner Geheimbotschaft als Punkte aufzeichnest.

47 T-SHIRT-FALTTRICK

Um T-Shirts zusammenzulegen, benötigst du zukünftig keine Hilfe mehr. Mit dem folgenden T-Shirt-Falttrick geht es ganz einfach:

1. Lege dein T-Shirt flach auf den Tisch und denke dir eine Linie in der Mitte des T-Shirts.

2. Denke dir eine zweite Linie an einer Seite des T-Shirts. Greife jeweils mit Daumen und Zeigefinger den Schnittpunkt der beiden gedachten Linien sowie das obere Ende der zweiten Linie.

3. Führe das obere Ende der zweiten Linie zum unteren Ende.

4. Greife den Saum des T-Shirts: Du hältst nun den Punkt in der Mitte und das untere Ende der zweiten Linie fest – und schüttle es.

5. Lege das T-Shirt auf der Vorderseite ab und falte es zum gegenüberliegenden Ärmel. Fertig!

48 — KENNE DAS GEFÄHRLICHSTE TIER DES WALDES

Das gefährlichste Tier des Waldes ist gar nicht groß, sondern winzig klein. Es ist die Zecke, ein Blut saugendes Spinnentierchen. Die Zecke ist deshalb so gefährlich, weil sie fiese Krankheiten übertragen kann, unter anderem die FSME, die eine Gehirnentzündung mit sich bringen kann, und die Borreliose, eine Infektion mit gefährlichen Bakterien.

Wenn du dich viel im Grünen aufhältst, solltest du immer gründlich prüfen, ob Zecken auf dir herumkrabbeln. Zecken können in Gebüschen und auf Grashalmen lauern. Sie fallen aber nicht von Bäumen, wie manchmal behauptet wird.

Doch warum tun Zecken das überhaupt? Nun, ganz einfach: Zecken ernähren sich von Blut. Und nicht nur das: Weibliche Zecken benötigen das Blut außerdem, um sich fortpflanzen zu können.

Viele Zeckenarten warten geduldig auf einer Pflanze, bis ein Wirtstier die Pflanze streift. Wenn das passiert, halten sie sich am Wirtstier fest und krabbeln auf diesem erst mal eine Weile herum, um einen gemütlichen Platz zum Blutsaugen zu finden. Dann ritzen sie mit ihren Mundwerkzeugen eine winzige Wunde in die Haut des Wirtstiers und saugen daraus das Blut. Die Blutmahlzeit einer Zecke kann Tage oder sogar Wochen dauern. Wenn sie vollgesaugt ist, lässt sie sich einfach fallen.

Es gibt mehrere Hundert Zeckenarten, aber besonders berüchtigt ist der Gemeine Holzbock. Diese Schildzecke sucht sich neben Tieren auch gerne mal den Menschen als Wirt für seine Blutmahlzeit aus.

Was ist ein Wirtstier?

So nennt man ein Tier, das einem anderen Tier – dem Gast – Nahrung oder einen Wohnort bietet. Bei einer Zecke geschieht das natürlich nicht freiwillig, diese lädt sich beim Wirt selbst ein.

49 WITZIGE SPIELE FÜR LANGE AUTOFAHRTEN

Lange Autofahrten können schnell öde werden. Mit diesen witzigen Spielen wird dir garantiert nicht langweilig:

Zähle die Autos in deiner Farbe

Bei diesem Spiel sucht sich jeder eine Farbe aus. Dann werden die entgegenkommenden Fahrzeuge gezählt. Auf einer Autobahn auch die Fahrzeuge, die euer Auto überholen oder selbst überholt werden. Jeder Spieler zählt die Autos in der von ihm gewählten Farbe. Wer als erster 20 Autos in seiner Farbe zählen konnte, hat gewonnen.

Errate Kennzeichen

Achtet auf euren Autofahrten auf die Kennzeichen der anderen Verkehrsteilnehmer. Könnt ihr erraten, aus welchen Städten und Ländern diese kommen? Haltet ein Buch bereit, in dem ihr die Kennzeichen nachschlagen könnt. Wer die meisten Städte und Länder erraten kann, ist Sieger dieses Spiels.

Kennzeichen-Sätze

Bevorzugt ihr ein kreatives Spiel? Dann verwendet die Buchstaben auf den Kennzeichen vorbeifahrender Autos als Anfangsbuchstaben von Sätzen. Lest ihr auf einem Kennzeichen beispielsweise die Buchstaben M-IK, ließe sich daraus der Satz „Max isst Kartoffelchips." bilden. Je lustiger ein Satz, desto besser!

50 BASTLE EINE FLÜSTERTÜTE

Flüstertüte ist ein umgangssprachliches Wort für das Sprachrohr oder Megafon. Zu der Bastelei, die du hier kennenlernst, passt das Wort Flüstertüte aber am besten. Du brauchst dafür lediglich ein Blatt Papier und Klebeband.

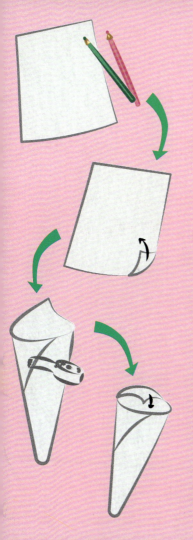

Lege das Blatt Papier auf den Tisch. Wenn du Lust hast, bemale es bunt, bevor du eine Flüstertüte daraus herstellst. Nun greifst du die rechte untere Ecke des Blatt Papiers und rollst diese so zur oberen Seite des Papiers, dass eine Art Trichter entsteht. Nimm das Klebeband zur Hand und klebe deinen Trichter zusammen. Zum Schluss kannst du noch die Ecke, die aus deinem Trichter heraussteht, in diesen hineinfalten.

Sprich in die kleine Öffnung deiner Flüstertüte. Merkst du, dass die Töne aus der großen Öffnung lauter herauskommen? Der Grund dafür: Die Töne können sich durch die große Öffnung viel besser ausbreiten.

51 ERLERNE EINEN ZAUBERTRICK

> Wenn du einmal deine Freunde mit einem Zaubertrick verblüffen möchtest, wähle doch diesen Hellseher-Trick:

1. Reiße ein Blatt Papier in drei Streifen.
2. Drei deiner Freunde erhalten jeweils einen Streifen. Der erste den linken Streifen, der zweite den mittleren Streifen, der dritte den rechten Streifen.
3. Auf den linken Streifen soll der Name eines berühmten Musikers geschrieben werden, auf den mittleren Streifen dein Name und auf den rechten Streifen der Name eines berühmten Schauspielers.

4. Bitte deine Freunde, die Papierstreifen einmal zu falten und in einen Hut oder eine Schüssel zu legen.

5. Verkünde dann, dass du mit verbundenen oder geschlossenen Augen deinen eigenen Namen ziehen wirst.

Wie das gehen soll? Ganz einfach: Taste die Kanten der Papierstreifen ab – nur der mittlere Streifen mit deinem Namen darauf hat zwei Abrisskanten.

Bevor du diesen Trick vorführst, solltest du ihn einige Male alleine üben. Es wird dir immer leichter gelingen, die Abrisskanten zu ertasten.

52 HILF EICHHÖRNCHEN DURCH DEN WINTER

Eichhörnchen sind niedliche Tierchen, nicht wahr? Aber in strengen Wintern machen sie eine harte Zeit durch. Eichhörnchen halten zwar in den kalten Monaten Winterruhe, aber zwischendurch machen sie sich auf die Nahrungssuche. Sie suchen nach Nüssen, Eicheln oder Bucheckern, die sie vor dem Winter an unterschiedlichen Stellen selbst vergraben haben. Das Problem bei der Sache: Eichhörnchen vergessen oft, wo sie ihre Nahrung vergraben haben. Manchmal ist der Boden auch zu hart gefroren, um die Nahrung wieder ausgraben zu können.

Wenn du den Eichhörnchen im Winter helfen möchtest, dann sammle im Herbst selbst Nüsse, Eicheln und Bucheckern im Wald. Bewahre das Eichhörnchenfutter in einem großen geschlossenen Glas oder Eimer auf. Während eines verschneiten Winters kannst du das Futter dann nach und nach im Wald verteilen. Achte dabei auf trockene Futterstellen!

Egal, um welches Tier es sich handelt: Füttere stets nur artgerechte Nahrung!

53 BLASROHRWETTSCHIEßEN

Die einfachsten Spiele sind doch oft die besten! Verwende einen Trinkhalm als Blasrohr und knülle winzige Papierkügelchen zu Munition zusammen. Stecke ein Papierkügelchen vorn in das Blasrohr. Von hinten bläst du dann mit voller Kraft in dein Blasrohr, damit das Papierkügelchen möglichst weit fliegt.

Du möchtest daraus ein Spiel mit Freunden machen? Dann stellt euch mit euren Blasrohren nebeneinander auf und startet einen Wettbewerb, wer sein Papierkügelchen am weitesten schießen kann. Ihr könnt auch eine Zielscheibe auf Papier malen, diese an der Wand aufhängen und darauf schießen. Oder schafft ihr es sogar, mit den Papierkügelchen kleine Gegenstände (zum Beispiel Plastikmännchen) umzuschießen?

Einige Ureinwohner Amerikas setzen noch heute Blasrohre zur Jagd ein. Geschossen wird unter anderem mit vergifteten Pfeilen. Die Blasrohre, die bei der Jagd verwendet werden, sind allerdings oft mehrere Meter lang.

BAUE EIN LUPEN-TELESKOP

Wenn du zwei gleich große Lupen besitzt, kannst du diese für den Bau eines einfachen Fernrohres, auch Teleskop genannt, einsetzen. Neben den Lupen benötigst du lediglich zwei Papprollen einer Küchenrolle, Klebeband und eine Schere. Und so wird gebastelt:

1. Schneide eine der Papprollen auf und verkleinere sie so, dass sie sich genau in die andere Papprolle schieben lässt.

2. Die eine Lupe befestigst du nun am Ende der größeren Papprolle. Verwende dazu das Klebeband.

3. Die zweite Lupe befestigst du (ebenfalls mit dem Klebeband) am Ende der kleineren Papprolle.

Du kannst die Papprollen auch selbst herstellen, indem du Wellpappe zusammenrollst. Das bietet den Vorteil, dass du die Lupen direkt darin „einwickeln" kannst.

Halte dein Teleskop an den Lupengriffen fest und mach es durch Ziehen größer oder kleiner. Du stellst fest, dass die Dinge, die du durch dieses Teleskop betrachtest, auf dem Kopf stehen. Schau dir damit beispielsweise den Mond am Nachthimmel an!

55 LERNE IN 25 SPRACHEN ZU GRÜßEN

Möchtest du wissen, wie man sich in anderen Ländern grüßt? Hier findest du die Übersetzung für 25 Sprachen.

Dzień dobry (Polnisch)

Kaliméra (Griechisch)

Buongiorno (Italienisch)

Bom dia (Portugiesisch)

As-salāmu ʿalaikum (Arabisch)

Goeden dag (Niederländisch)

Namastē (Hindi)

Dobrý den (Tschechisch)

Merhaba (Türkisch)

Konnichiwa (Japanisch)

Mirëdita (Albanisch)

Jó napot (Ungarisch)

Nǐhǎo (Chinesisch)

Buenos días (Spanisch)

Maalin wanaagsan (Somali)

Hyvää päivää (Finnisch)

Goddag (Dänisch)

Bună ziua (Rumänisch)

Good morning / Good afternoon (Englisch)

Labdien (Lettisch)

Góðan dag (Isländisch)

Bonjour (Französisch)

Dóbryj djen (Russisch)

Schalom (Hebräisch)

Grüezi (Schweizerdeutsch)

56 STELLE EIS AUS TIEFGEFRORENEM OBST HER

Um an heißen Sommertagen leckeres Speiseeis herzustellen, benötigst du keine Eismaschine, lediglich einen Mixer. Als Zutaten dienen tiefgefrorenes Obst, Naturjoghurt und Zucker.

Gib das tiefgefrorene Obst (Beeren, Mango, was dir schmeckt!) in den Mixer, zum Beispiel eine Menge von 250 g. Gib Naturjoghurt in ungefähr der gleichen Menge dazu. Zum Schluss gibst du den Zucker dazu, bei 500 g Eis etwa vier Esslöffel. Wenn du es gesünder magst, kannst du statt Zucker auch Honig nehmen. Du kannst natürlich auch alle Mengen verändern, das richtet sich ganz nach deinem Geschmack.

Befinden sich alle Zutaten im Mixer? Dann lass diesen auf Hochtouren laufen, bis das tiefgefrorene Obst vollständig püriert ist. Lass dir beim Mixen am besten von deinen Eltern helfen, damit nichts kaputtgeht oder in der Küche herumspritzt. Stelle die Masse nochmal für 30 Minuten in den Tiefkühlschrank.

Gib das fertige Eis in eine Dessertschale und iss es mit einem Teelöffel.

Lass es dir schmecken!

57 FÜNFSTEINSPIEL

Schon in der Antike gab es allerlei Spiele zum Zeitvertreib. Ein Beispiel dafür ist das Fünfsteinspiel, das bereits seit über 2 000 Jahren in verschiedenen Kulturen gespielt wird. Eine Variante dieses Spiels ist heute noch ein beliebter Zeitvertreib in der Türkei.

Für dieses Spiel brauchst du lediglich fünf Kieselsteine, Nüsse, Bohnen oder andere kleine Gegenstände, die dir gerade zur Verfügung stehen.
Das Spiel geht so: Du wirfst die fünf Kieselsteine mit einer Hand in die Luft (nicht zu hoch) und versuchst nun, mit dem Handrücken derselben Hand so viele Steinchen wie möglich aufzufangen. Dann wirfst du die Steine mit dem Handrücken hoch, drehst die Hand um und versuchst, die Steine mit der Handfläche zu fangen. Dann wirfst du wieder mit der Handfläche und fängst mit dem Handrücken. So lange, bis alle Steine am Boden liegen.

Spiele dieses Geschicklichkeitsspiel mit Freunden! Wer schafft die meisten Durchgänge?

58 BAUE DIE PERFEKTE SANDBURG

Zu einem Tag am Meer gehört auch eine richtig schöne Sandburg! Eine Sandburg ist zwar nicht für die Ewigkeit gedacht, aber das Erbauen der Sandburg macht riesigen Spaß. Wie dir die perfekte Sandburg gelingt, erfährst du hier.

Zunächst mal ist es wichtig, dass du die Sandburg nicht zu nah am Wasser baust. Nicht, dass sie durch eine Welle oder bei steigender Flut gleich wieder zerstört wird. Trample mit deinen Füßen den Sandboden fest, damit deine Sandburg ein stabiles Fundament erhält.

Das A und O beim Sandburgbau ist das richtige Gemisch aus Sand und Wasser. Als Faustregel gilt: Mische in einem Eimer neun Teile Sand mit einem Teil Wasser, also zum Beispiel neun Becher voll Sand mit einem Becher Wasser. Wie viel Wasser benötigt wird, richtet sich aber auch nach der Größe der Sandkörner. Am besten, du gibst das Wasser nach und nach zum Sand und achtest beim Rühren darauf, dass der Sand schön aneinanderklebt. Übrigens darf das Wasser ruhig verschmutzt sein – wenn sich dadurch Krusten bilden, kann das sogar die Stabilität deiner Sandburg erhöhen.

Nun kleckse einfach das Wasser-Sand-Gemisch auf das Fundament und forme die Sandburg nach deinen Vorstellungen. Du kannst dabei auch Hilfsmittel, etwa eine Schaufel oder einen Löffel, einsetzen.

Verziere zum Schluss die Sandburg mit Muscheln, Steinchen oder Papierfähnchen.

TIPP

Verwende eine Sprühflasche mit Wasser, um deine Sandburg feucht zu halten!

SICHERE FINGERABDRÜCKE

59

Auf der Erde leben über sieben Milliarden Menschen, aber jeder hat einen Fingerabdruck, der nur einmal vorkommt. Da Verbrecher am Tatort häufig Fingerabdrücke hinterlassen, hilft diese Tatsache Polizisten dabei, den Täter zu ermitteln. Auch du kannst Fingerabdrücke auf Gegenständen sichern. Du brauchst dazu:

- Graphitpulver*
- weicher Pinsel
- Papier
- durchsichtige Klebefolie

*Graphit ist ein aus Kohlenstoff bestehendes Mineral; Graphitpulver ist zum Beispiel im Baumarkt erhältlich.

Wenn du an einem Gegenstand, beispielsweise an einem Glas, einen verdächtigen Fingerabdruck entdeckst, streue etwas Graphitpulver darauf. Verteile das Pulver mit dem Pinsel vorsichtig auf dem Abdruck – der Fingerabdruck wird dadurch deutlich sichtbar. Nimm nun einen Streifen Klebefolie und klebe ihn ganz vorsichtig auf den Fingerabdruck. Der Abdruck darf dabei nicht verwischt werden! Löse den Streifen mit dem Abdruck und klebe ihn anschließend auf das Papier. Mach dir Notizen dazu, etwa wann und wo du den Fingerabdruck gesichert hast.

Hast du einen Tatverdächtigen ermittelt? Dann sichere auf einem Gegenstand, den er berührt hat, ebenfalls den Fingerabdruck und vergleiche ihn mit dem Fingerabdruck, den du am Tatort gefunden hast. Wenn du Fingerabdrücke vergleichst, achte auf besonders markante Unterschiede bei den Abdruckformen.

60 ERSTELLE PHANTOMBILDER

Augenzeugen von Verbrechen werden von der Polizei oder einem Detektiv oft um eine Beschreibung des Täters gebeten. Wenn der Zeuge den Täter deutlich gesehen hat, kann er mithelfen, ein Phantombild zu erstellen, also ein Bild des unbekannten Täters. Ein Phantombild kann nach der Beschreibung des Zeugen gezeichnet werden. Oder man zeigt dem Zeugen verschiedene Phantombild-Folien, um seinem Gedächtnis auf die Sprünge zu helfen.

Phantombild-Folien kannst du selber herstellen. Du brauchst dazu lediglich durchsichtige Folie, eine Schere und einen Folien-Schreiber. Mit der Schere schneidest du die Folie in mehrere Stücke. Zeichne nun mit dem Folien-Schreiber verschiedene Gesichtsformen, Nasen, Münder, Ohren, Frisuren und Bärte auf die einzelnen Folien.

Aus den Phantombild-Folien kannst du die unterschiedlichsten Menschen zusammensetzen: Wechsle bei dem „Phantom" beispielsweise die Frisur oder die Nase, indem du einfach eine andere Folie verwendest. Oder soll das Phantom einen Bart erhalten? Dann lege einfach eine entsprechende Folie auf das Gesicht.

Früher wurde bei der Polizei mit solchen Folien gearbeitet. Heutzutage wird aber in der Regel ein Computer verwendet, um Phantombilder anzufertigen.

SCHATTENFIGUREN-THEATER

61

Du möchtest deine eigene Theatervorstellung aufführen? Dann versuche es doch mal mit einem Schattenfiguren-Theater. Du brauchst dazu lediglich ein weißes Betttuch, eine helle Lampe und Schattenfiguren als Darsteller.

Die Schattenfiguren stellst du aus fester Pappe her. Zeichne auf die Pappe die Umrisse deiner Figuren: Personen, Tiere, Drachen ... Schneide die Figuren dann mit einer Schere aus. Um die Schattenfiguren bei deinen Vorführungen festhalten zu können, befestigst du mit Klebeband Stäbe daran. Gut geeignet sind zum Beispiel Holzspieße.

Hänge das weiße Betttuch vor den Zuschauern auf, zum Beispiel an einer Wäscheleine, die du zuvor aufgespannt hast. Hinter dem Tuch schaltest du die Lampe ein. Alles, was sich nun zwischen der Lampe und dem Tuch abspielt, wird von den Zuschauern als Schatten wahrgenommen. Halte die Schattenfiguren in die Höhe und beginne dein Theaterstück. Achte darauf, dass die Zuschauer nicht deinen eigenen Schatten zu sehen bekommen!

TIPP

Statt zu basteln, kannst du auch mit deinen Händen verschiedene Figuren formen: ein Krokodil, einen Vogel ...

WÄSCHEKLAMMER-WETTRENNEN

Wusstest du, dass man mit Wäscheklammern eine Menge Spaß haben kann? Besonders lustig ist das Wäscheklammer-Wettrennen. Für dieses Spiel braucht ihr einen ganzen Eimer voller Wäscheklammern und viel Platz. Spielt am besten draußen im Garten.

Bildet zwei Teams. Jeweils eine Person aus dem Team stellt sich als Wäscheklammer-Model zur Verfügung. An ihr werden die Wäscheklammern befestigt. Einigt euch vorher darauf, wo die Wäscheklammern befestigt werden dürfen: Nur in den Haaren, nur am Ärmel oder an der gesamten Kleidung? Wichtig ist, dass bei dem Spiel niemand gezwickt wird oder sich die Haut einklemmt.

Stellt den Eimer mit den Wäscheklammern so auf, dass er für beide Teams gleich schnell erreichbar ist. Auf Los geht's los! Immer einer aus dem Team läuft zum Eimer, greift sich eine Wäscheklammer und befestigt sie am Wäscheklammer-Model. Anschließend stellt er sich hinten an und der nächste ist an der Reihe. Wenn der Eimer leer ist, wird gezählt, welches Team die meisten Wäscheklammern an seinem Wäscheklammer-Model befestigen konnte.

DREI CLEVERE KÜCHENTRICKS

63

Hilf deinen Eltern ab und zu in der Küche, und verblüffe sie mit pfiffigen Küchentricks!

Eier-Test

Sind die Eier noch frisch? Das lässt sich mit diesem Trick ermitteln: Fülle ein Glas mit Wasser und lege das Ei hinein. Bleibt es am Boden liegen, ist es noch frisch. Kommt das Ei hingegen an die Wasseroberfläche, darf es nicht mehr gegessen werden. In alten Eiern ist nämlich mehr Luft enthalten als in frischen – durch die Luft wird das alte Ei an die Wasseroberfläche getrieben.

Kartoffeln schneller schälen

Mühsames Kartoffelschälen erspart man sich mit diesem Trick: Ritze vor dem Kochen die Schale der Kartoffeln in der Mitte ringsum ein. Gib die Kartoffeln nach dem Kochen in eine Schüssel mit kaltem Wasser, um sie abzukühlen. Warte kurz, bis sie soweit abgekühlt sind, dass du sie anfassen kannst. Ziehe nun einfach die Schale mit den Händen links und rechts von den Kartoffeln ab.

Mehr Zitronensaft

Um aus einer Zitrone mehr Saft herauszupressen, verwende diesen Trick: Lege die Zitrone zunächst für eine halbe Minute in eine Schale mit heißem Wasser. Nimm die Zitrone dann aus dem Wasser und rolle sie mehrmals kräftig auf der Arbeitsfläche hin und her. Wenn du die Zitrone nun auspresst, hast du eine höhere Saft-Ausbeute.

64 SÄE WILDBLUMEN

Es macht richtig Spaß, Blumen auf einer bunten Blumenwiese zu pflücken. Aber wusstest du, dass die Blumen allerlei Insekten wie Bienen und Schmetterlingen als Nahrungsgrundlage dienen? Sie lieben es, den leckeren Nektar aus den Blüten zu saugen.

Statt Blumen zu pflücken, säe Wildblumen, um den Insekten Nahrung anzubieten. Das kannst du in einem Stück Garten tun, das dir deine Eltern zur Verfügung stellen, oder auch in einem Blumenkasten auf dem Balkon. Du schaffst damit einen kleinen Lebensraum für die Insekten. Da immer größere Flächen verbaut oder landwirtschaftlich genutzt werden, können sie deine Hilfe gut gebrauchen.

Ausgesät wird im Frühjahr, also in den Monaten März, April oder Mai. Grabe zunächst mit verschiedenen Gartenwerkzeugen die Erde um, lockere sie auf und befreie sie von alten Pflanzenteilen sowie großen Steinen. Lass dir dabei am besten von einem Erwachsenen helfen.

In deinem Beet kannst du anschließend Wildblumensamen verteilen, die du in jedem Gartencenter erhältst. Du brauchst etwa 10 g Samen pro Quadratmeter Beet. Streue die Samen gleichmäßig auf die Erde und drücke sie nur leicht in den Boden. Gieße dein Beet in den nächsten Wochen regelmäßig, damit die Samen keimen und bald ein wunderschönes Wildblumenbeet entsteht.

65 BASTLE EIN ROLLKINO

Wenn du im Fernsehen oder im Kino einen Film anschaust, siehst du nicht, dass ein Film eigentlich aus vielen Einzelbildern besteht. Erst dein Gehirn macht einen zusammenhängenden Film daraus. Genauso ist es auch beim Rollkino, das du selbst gestalten kannst:

1. Zeichne auf einen Notizblock im Format DIN A6 ein Gesicht, eine Figur oder eine beliebige Szene. Lass unten auf dem Notizblatt ein paar Zentimeter Platz.

2. Auf das zweite Blatt zeichnest du nun an der gleichen Position das gleiche Gesicht, die gleiche Figur oder die gleiche Szene. Baue aber eine kleine Veränderung ein, zum Beispiel streckt das Gesicht plötzlich die Zunge heraus.

3. Blättere zurück zur ersten Zeichnung. Lege einen Stift unten auf das Notizblatt und rolle ihn in das Papier ein.

4. Rolle den Stift nun schnell nach oben und wieder nach unten, sodass du von der ersten zur zweiten Zeichnung wechselst und wieder zurück. Es wirkt, als würde sich das Gesicht, die Figur oder die Szene bewegen.

TIPP

Wenn dir kein Notizblock zur Verfügung steht, falte einfach ein normales Blatt Papier in die gewünschte Größe.

66 STELLE DAS ALTER EINES BAUMES FEST

Stell dir vor, du bist im Wald unterwegs und siehst dort einen mächtigen Baumstamm liegen. Nun möchtest du gerne wissen, wie alt dieser Baum wurde. Eine recht zuverlässige Methode ist das Zählen der Jahresringe.

Wenn du dir den Baumstamm an der unteren Seite näher anschaust, erkennst du eine Vielzahl brauner Ringe – die Jahresringe. Jeder dieser braunen Ringe steht für ein Lebensjahr des Baumes, sodass du lediglich die Ringe zählen musst, um das Alter des Baumes festzustellen.

Der Nachteil dieser Methode: Der Baum muss bereits gefällt, also tot sein, um das Alter bestimmen zu können. Mit einem sogenannten Zuwachsbohrer kann eine Jahresring-Probe aber auch aus lebenden Bäumen entnommen werden. Ein Förster kann mit einem solchen Bohrer außerdem feststellen, ob ein Baum im Inneren fault.

Bei einigen Nadelbäumen lässt sich das Alter auch anhand der Jahrestriebe bestimmen: Das sind Verzweigungen, die sich jedes Jahr ausbilden. Und anhand des Umfangs des Baumstammes kannst du zumindest ermitteln, ob ein Baum eher jung oder eher alt ist. Diese Methode ist aber ziemlich ungenau, da die Bäume ja unterschiedlichen Umweltbedingungen ausgesetzt sind.

67 TRENNE PFEFFER UND SALZ

Mit Pfeffer und Salz werden viele Speisen gewürzt. Du kannst damit aber auch experimentieren und die Reibungselektrizität kennenlernen. Dazu brauchst du neben dem Pfeffer und dem Salz lediglich einen Gegenstand aus Plastik, zum Beispiel eine Plastikflasche. Gehe so vor:

1. Vermische mehrere Salz- und Pfefferkörner auf einem Teller. Von Hand könntest du dieses Pfeffer-Salz-Gemisch kaum wieder trennen.

2. Nimm den Plastikgegenstand und reibe ihn kräftig an einem Kleidungsstück.

3. Bewege den Plastikgegenstand anschließend dicht über das Pfeffer-Salz-Gemisch. Du stellst fest, dass der Pfeffer von dem Plastikgegenstand angezogen wird.

Woran liegt das?

Durch das Reiben des Plastikgegenstandes am Kleidungsstück entsteht so genannte Reibungselektrizität. Da die Pfefferkörner leichter sind als die Salzkörner, werden sie vom aufgeladenen Plastikgegenstand angezogen.

Die Reibungselektrizität kannst du auch mit einem Luftballon erproben: Reibe einen aufgeblasenen Luftballon an deiner Kleidung. Anschließend kannst du ihn dank Reibungselektrizität an die Wand „kleben".

VERSTEHE DIE PFERDEOHRENSPRACHE

Pferde können zwar wiehern, aber wenn du wissen willst, wie es einem Pferd gerade geht, schau dir unter anderem seine Ohren an. Hier erhältst du den ultimativen Einblick in die Pferdeohrensprache:

* Sind die Ohren nach oben aufgerichtet, ist das Pferd konzentriert und möchte sich nichts entgehen lassen.

* Lässt das Pferd die Ohren zur Seite hängen, kann es sein, dass es gerade ziemlich gelangweilt ist.

* Die Ohren des Pferdes sind nach hinten oder außen gespitzt? Das könnte bedeuten, dass das Pferd vor etwas Angst hat.

* Sind die Pferdeohren nach hinten eng angelegt, hat es unter Umständen schlechte Laune. Komm ihm dann lieber nicht zu nahe.

* Bewegen sich die Pferdeohren beim Reiten mal nach hinten und dann wieder nach vorn, zeigt das die Aufmerksamkeit des Pferdes an.

Außer den Ohren solltest du auch den Augen, dem Maul und dem Schweif des Pferdes Beachtung schenken. Diese ergänzen die Sprache der Ohren und sagen einiges über den Gemütszustand aus.

STELLE SELBER SEIFENBLASEN HER

Seifenblasen sind ein echter Spaß für Jung und Alt! Die Flüssigkeit für die Seifenblasen kannst du dir aus unterschiedlichen Zutaten selbst zubereiten. Und sogar den Seifenblasenring kannst du selbst basteln.

Den Seifenblasenring formst du aus einem Stück Draht. Führe dazu die beiden Enden des Drahts zueinander und drehe sie zusammen. Biege die Öffnung zu einem Ring. Umwickle den Ring anschließend noch mit einem Wollfaden, an dem die Seifenblasen haften können. Alternativ kannst du auch einen Pfeifenputzer verwenden.

Als Flüssigkeit für die Seifenblasen mischst du in einem Gefäß 500 ml handwarmes Wasser mit 50 ml Neutralseife (kein Neutralreiniger!), 1,5 EL Puderzucker sowie 1 EL Tapetenkleister. Lass diese Mischung einige Stunden stehen und rühre nochmal gründlich um, bevor du sie verwendest.

Tauche deinen Seifenblasenring in die Flüssigkeit. Ziehe den Ring vorsichtig heraus und puste hindurch. Wer kriegt die schönsten Seifenblasen hin?

Wünschst du dir noch größere Seifenblasen? Dann vergrößere einfach deinen Seifenblasenring!

70 KÜRBISSCHNITZEREI

Kürbisse sind ein leckeres, vielseitiges und gesundes Nahrungsmittel. Und aus der Schale lassen sich tolle Schnitzereien fertigen – zum Beispiel ein gruseliges Kürbisgesicht zu Halloween:

1. Im ersten Schritt wird der Kürbis oben aufgeschnitten. Dazu brauchst du die Hilfe eines Erwachsenen, der mit einem scharfen Messer einen Deckel vom Kürbis trennt.

2. Jetzt wird mit einem großen Löffel das gesamte Innere des Kürbisses entfernt. Aus dem Fruchtfleisch kannst du zum Beispiel eine leckere Suppe kochen. Der Kürbis muss so stark ausgehöhlt werden, dass du das Licht einer Taschenlampe, die du in das Innere des Kürbisses hältst, durch die Schale leuchten siehst.

3. Zeichne mit einem Stift das Kürbisgesicht auf die Schale des Kürbisses, also grimmige Augen, einen grimmigen Mund usw.

4. Bist du mit der Zeichnung zufrieden, wird das Gesicht mit einem Messer ausgeschnitten – auch hierbei solltest du dir von einem Erwachsenen helfen lassen.

5. Stelle ein LED-Licht in den Gruselkürbis, setze ihm den Deckel auf und platziere ihn an einem Ort, an dem ihn jeder bewundern kann!

Dein Halloween-Kürbis ist nicht für die Ewigkeit gedacht. Nach einiger Zeit wird sich Schimmel bilden. Dann ist es Zeit, ihn zu kompostieren. Wenn du das Innere mit Apfelessig auspinselst, schimmelt er aber nicht so schnell.

KOMMANDO PIMPERLE

71

Kennst du den Kommandanten Pimperle? Das ist einer aus eurer Spielgruppe. Ihr setzt euch alle zusammen an einen Tisch. Der von euch ernannte Kommandant Pimperle gibt dann die Kommandos:

Kommando Pimperle: Ruft der Kommandant dieses Kommando, muss jeder Spieler mit den Zeigefingern auf die Tischkante trommeln.

Kommando hoch: Bei diesem Kommando werden beide Arme in die Höhe gestreckt.

Kommando flach: Mit diesem Kommando verlangt der Kommandant Pimperle, dass die Hände flach auf den Tisch gelegt werden.

Kommando Faust: Bei diesem Kommando werden die Fäuste auf den Tisch gelegt.

Kommando Ellbogen: Gibt der Kommandant dieses Kommando, werden die Ellbogen auf dem Tisch abgestützt.

Ihr könnt euch nach Herzenslust noch weitere Kommandos ausdenken. Wichtig ist nur Folgendes: Wird ein Kommando nicht oder falsch befolgt, muss der jeweilige Spieler ein Pfand abgeben. Ruft der Kommandant Pimperle statt „Kommando Ellbogen" lediglich „Ellbogen", so gilt dies nicht als Befehl. Stützt ein Spieler dennoch seine Ellbogen auf: Pfand her!

72 MERKE DIR ZAHLEN LEICHTER

Ein Freund nennt dir seine Handynummer und du möchtest dir diese möglichst schnell merken? Dann überlege dir zunächst für jede Zahl ein passendes Bild. Diese Bilder kannst du zukünftig für alle Zahlen verwenden, die du dir merken willst. Zum Beispiel:

0: Ei
1: Einhorn
2: Paar Kniestrümpfe
3: Dreirad
4: Tisch (mit vier Beinen)
5: Hand (mit fünf Fingern)
6: Würfel (mit sechs Seiten)
7: sieben Zwerge
8: Achterbahn
9: neun Kegel

Statt der reinen Zahl merkst du dir nun die Bilder dazu und versuchst, diese in einem Film ablaufen zu lassen. Welche Nummer wird hier genannt?

Ein Ei wird vom Einhorn zu den sieben Zwergen getragen und auf einen Tisch gelegt. Dann greift eine Hand nach einem Würfel und wirft ihn auf die neun Kegel. Du fährst mit dem Dreirad zu den Kegeln und stülpst ein Paar Kniestrümpfe darüber. Dann verfrachtest du die Kegel auf einen Tisch und fährst damit Achterbahn.

Hintergrund

Dein Gehirn kann sich die Bilder in einem Zusammenhang – egal wie verrückt – viel besser merken als die reinen Zahlen.

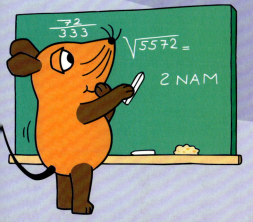

Lösung: 01745639292948

73 BEREITE EIN LECKERES SANDWICH ZU

Es soll im Jahr 1762 gewesen sein. John Montagu, der vierte Earl von Sandwich, wollte sein Kartenspiel nicht unterbrechen. Um dennoch etwas essen zu können, erfand er das Sandwich. So zumindest die Legende.

Ein Sandwich ist ein Imbiss aus mindestens zwei übereinander gelegten Brotscheiben. Häufig wird zum Herstellen eines Sandwiches Toastbrot verwendet, aber ohne dieses zu toasten. Zwischen die Brotscheiben kommen allerlei Zutaten, zum Beispiel Schinken, Käse, Tomatenscheiben, Gurkenscheiben, Eierscheiben, Senf, Mayonnaise, …. So bereitest du dein eigenes Sandwich zu:

1. Lege eine Toastbrotscheibe auf den Teller. Bestreiche sie mit Mayonnaise.

2. Belege sie dann ganz nach deinem Geschmack, vielleicht mit einer Scheibe Schinken und einer Scheibe Käse sowie einigen Gurkenscheiben.

3. Bestreiche die zweite Toastbrotscheibe ebenfalls mit Mayonnaise und lege sie auf die belegte erste.

4. Nun schneidest du die Brotscheiben diagonal durch, sodass du zwei dreieckige Sandwiches erhältst.

Wenn du großen Appetit hast, kannst du mehrstöckige Sandwiches zubereiten. Dazu belegst du auch die zweite Scheibe und legst eine dritte darauf usw. Du musst das Sandwich dann aber fest zusammenpressen, damit du noch hineinbeißen kannst.

74 BRÜCKE AUS PAPIER

Lege ein Blatt Papier als Brücke zwischen zwei Bücher oder sonstige Gegenstände. Versuche dann mal einen Gegenstand darauf zu legen, etwa eine Tafel Schokolade. Du wirst feststellen: Die Papierbrücke hält nicht, sondern biegt sich sofort durch.

Mit einem simplen Trick kannst du die Brücke aber belastbarer machen: Nimm das Blatt Papier und falte es zu einer Ziehharmonika. Dazu faltest du auf der einen Seite einen etwa 1 cm breiten Streifen um. Dann wendest du das Papier und faltest einen Streifen in gleicher Breite. Wiederhole das, bis du das ganze Blatt Papier in Streifen – also zu einer Ziehharmonika – gefaltet hast.
Lege das zur Ziehharmonika gefaltete Papier als Brücke zwischen die Bücher. Lege wieder einen Gegenstand darauf. Du bemerkst sofort, dass die Papierbrücke nun deutlich tragfähiger ist als die erste Variante.

Der Grund für diesen Effekt ist, dass sich das Gewicht bei der Ziehharmonika besser verteilt – dies wird übrigens auch beim Bau richtiger Brücken berücksichtigt.

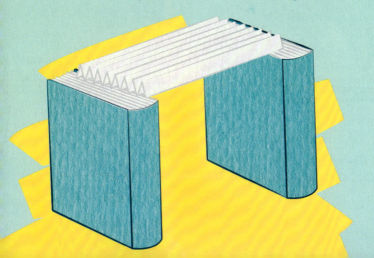

75 WASSERTRANSPORT IM STROHHALM

Stelle zwei Gläser nebeneinander. Eines ist mit Wasser gefüllt, das andere ist leer. Du sollst das Wasser nun vom gefüllten Glas in das leere Glas befördern, darfst dabei aber die Gläser selbst nicht berühren. Als Hilfsmittel steht dir lediglich ein Strohhalm zur Verfügung.
Geht das?

Na, und ob! Platziere dazu die beiden Gläser nebeneinander und stelle den Strohhalm in das Glas mit Wasser. Sauge den Strohhalm mit Wasser voll, lege den Daumen auf die obere Öffnung und biege den beweglichen Teil des Strohhalms in das leere Glas. Du wirst staunen, denn das Wasser läuft nun automatisch vom vollen Glas ins leere. Achte aber darauf, dass keine Luft angesaugt wird!

Erklärung: Der Wassertransport im Strohhalm ist durch den Unterdruck möglich, den du beim Saugen erzeugst. Du ziehst durch das Saugen nämlich nicht die Flüssigkeit selber nach oben, sondern saugst lediglich die Luft im Strohhalm ab. Durch die Veränderung des Luftdrucks wird die Flüssigkeit in den Strohhalm gedrückt und kann von dort in das andere Glas laufen.

LUSTIGE SPRECHSPIELE

Es gibt eine Menge Spiele, für die ihr gar kein Zubehör braucht. Sie funktionieren allein übers Sprechen. Versucht doch mal die folgenden lustigen Sprechspiele auf dieser und der nächsten Seite:

Kofferpacken

Bei diesem Spiel kommt es auf ein gutes Gedächtnis an! Der erste Spieler erzählt, dass er seinen Koffer packt und einen bestimmten Gegenstand hineinlegt. Der zweite Spieler merkt sich den Gegenstand und fügt einen weiteren Gegenstand hinzu. So geht es reihum. Die Gegenstände müssen vollständig und in der richtigen Reihenfolge genannt werden. Wer einen Fehler macht, scheidet aus der Runde aus. Ein Beispiel: Der erste Spieler sagt: „Ich packe meinen Koffer und lege eine Hose hinein." Darauf sagt der zweite Spieler: „Ich packe meinen Koffer und lege eine Hose und eine Zahnbürste hinein." Darauf der dritte Spieler: „Ich packe meinen Koffer und lege eine Hose, eine Zahnbürste und ein Handy hinein." So geht es immer weiter – und wird immer schwieriger!

Teekesselchen

Es gibt in der deutschen Sprache eine Menge Wörter, die zwei oder drei Bedeutungen auf einmal haben können: Ein Schloss kann ein Gebäude sein, ein Gegenstand, aber auch Teil einer Tür. Findet solche Wörter und verwendet sie für das Teekesselchen-Spiel. Darin wird die unterschiedliche Bedeutung eines Wortes als Rätsel genannt. Ein Beispiel: „In meinem Teekesselchen wohnt ein König, ich kann damit mein Fahrrad sichern und man findet es an jeder Haustür." Antwort: „Schloss." Wer ein Teekesselchen errät, darf das nächste Rätsel stellen.

Beispiele
Maus, Nagel, Pfeife, Bank, Hahn, Birne

Menschen-Memory

Bevor ihr beginnt, verlassen zwei Personen den Raum. Diese spielen später gegeneinander Menschen-Memory. Die übrigen Spieler finden sich immer zu Paaren zusammen und entscheiden sich jeweils für ein Thema (Sport, Musik, Tiere, Essen, usw.). Jedes Paar überlegt sich nun zwei passende Wörter, zum Beispiel „Schiedsrichter" und „Pfeife". Danach verteilen sich die Spieler im ganzen Raum. Nun dürfen die beiden Personen, die draußen gewartet haben, wieder hereinkommen. Einer fängt an und bittet die erste Person ihren Begriff zu sagen. Dann bittet er eine zweite Person. Wenn die Begriffe zusammenpassen, hat er ein Pärchen gefunden und darf nochmal fragen. Wenn nicht, ist der andere Spieler an der Reihe. Gewonnen hat der Spieler, der am Ende die meisten Paare gefunden hat.

77 BASTLE EIN DAMPFBOOT

Mit ganz wenig Material, das in Keller und Küche zu finden ist, kannst du ein Dampfboot basteln. Du brauchst eine kleine Styroporplatte, vier lange Nägel, ein Teelicht und ein ausgeblasenes Ei. Außerdem benötigst du das eine oder andere Werkzeug, wie du der folgenden Anleitung entnehmen kannst:

1. Schneide aus der Styroporplatte eine Bootsform aus.
2. Stelle das Teelicht in die Mitte des Bootes.

3. Stecke die vier langen Nägel um das Teelicht herum in das Styropor. Achte darauf, dass die Nägel mehrere Zentimeter über das Teelicht hinausragen. Die Nägel dienen als Eierhalterung.

4. Dein ausgeblasenes Ei hat zwei Löcher. Verschließe eines davon mit Klebstoff. Dieser darf nicht wasserlöslich sein. Lass den Klebstoff trocknen.

5. Halte das ausgeblasene Ei dann mit der noch verbliebenen Öffnung unter einen Wasserhahn, um es mit etwas Wasser zu füllen.

6. Setze dein Boot in eine gefüllte Wanne und zünde, im Beisein eines Erwachsenen, das Teelicht an.

7. Lege das mit Wasser gefüllte Ei auf die Halterung. Die Öffnung soll dabei nach hinten zeigen. Das Dampfboot setzt sich schon nach kurzer Zeit in Bewegung.

Wie funktioniert das?

Die Hitze des Teelichts verdampft das Wasser im Ei. Der Dampf entweicht durch die Öffnung. Der dadurch entstehende Rückstoß treibt das Boot an.

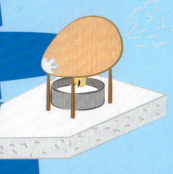

78 BEATBOXING – SO GEHT'S

Beim Beatboxing werden die verschiedensten Rhythmen und Geräusche nur mit dem Mund, Rachen und Nase erzeugt. Die drei wichtigsten Klänge beim Beatboxing sind die Kick-Drum (große Trommel), die Hi-Hat (Ständerbecken) und die Snare-Drum (kleine Trommel), alles Teile eines Schlagzeuges.

Kick-Drum

Den Klang der Kick-Drum erzeugst du durch das Sprechen des Buchstabens **B**. Sprich den Buchstaben mehrmals hintereinander hart und mit zusammengepressten Lippen aus. Wichtig: Sage „B" und nicht „Be". Übe das so lange, bis es sich wie eine große Trommel anhört!

Hi-Hat

Den Klang der Hi-Hat ahmst du durch das Sprechen der Buchstaben **TS** nach. Halte dabei die Zähne geschlossen und die Zungenspitze direkt hinter den Schneidezähnen. Sprich die Buchstaben zusammen und wieder mehrmals hintereinander.

Snare-Drum

Fehlt noch der Klang der Snare-Drum. Um diesen zu erzeugen, sprichst du mehrmals hintereinander die Buchstaben **PF**, und zwar mit harten, gespitzten Lippen, durch die der Luftdruck in einem Stoß entweicht.

Und nun kombiniere die Klänge: B, TS, PF, TS, B, TS, PF, TS, B, TS, PF, TS, B, TS, PF, TS ... Das klingt richtig gut!

Ein toller Beatbox-Trick: Sprich die Worte „Pizzakatze" oder „Postkarte" mehrmals schnell hintereinander, aber lass die Selbstlaute weg. Du erzeugst dadurch automatisch einen fetzigen Beatbox-Rhythmus.

79 ERLERNE DAS FLIEGERALPHABET

Wenn du mit dem Gedanken spielst, später mal Pilot oder Pilotin zu werden, solltest du dir schon mal das Fliegeralphabet aneignen. Dabei werden einzelne Buchstaben durch Wörter ersetzt, um beim Buchstabieren Missverständnisse zu vermeiden.

A .... Alpha	O .... Oscar
B .... Bravo	P .... Papa
C .... Charlie (sprich: Tscharli)	Q .... Quebec (sprich: Kwebeck)
D .... Delta	R .... Romeo
E .... Echo (sprich: Ecko)	S .... Sierra
F .... Foxtrott	T .... Tango (sprich: Tängo)
G .... Golf	U .... Uniform (sprich: Juniform)
H .... Hotel	V .... Victor
I .... India	W .... Whiskey (sprich: Wiski)
J .... Juliett (sprich: Tschuliett)	X .... X-Ray (sprich: Äcksräi)
K .... Kilo	Y .... Yankee (sprich: Jänki)
L .... Lima	Z .... Zulu (sprich: Sulu)
M .... Mike (sprich: Maik)	
N .... November	

Welches Wort steckt hinter Mike-Alpha-Uniform-Sierra?

80 FRISCHKÄSE AUS EIGENER HERSTELLUNG

Du benötigst nur zwei Grundzutaten, um Frischkäse herzustellen: Milch und Zitronensaft. Der Frischkäse ist ein weicher Käse, der nicht erst reifen muss, bevor du ihn essen kannst. Nach deinem Geschmack gewürzt, dient er als leckerer Brotaufstrich.

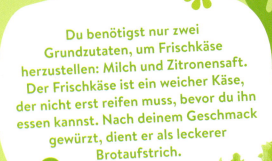

Erhitze einen Liter Milch in einem Topf. Achte darauf, dass sie nicht überkocht! Währenddessen presst du den Saft einer Zitrone aus. Nimm die Milch von der Herdplatte, bevor sie kocht. Gib den Zitronensaft dazu und rühre gründlich um. Lege ein sauberes Tuch, zum Beispiel ein Geschirrtuch, in ein Sieb. Sobald die Milch-Zitrone-Mischung Flocken bildet, gieße sie in das Sieb. Was dann durch das Tuch abläuft, ist die Molke – und was übrigbleibt, ist der Frischkäse. Presse den Käse im Tuch gründlich zusammen, damit die komplette Molke abläuft.

Würze deinen Frischkäse mit Salz, Pfeffer und Kräutern und genieße ihn auf frischem Brot! Der Frischkäse ist im Kühlschrank mehrere Tage lang haltbar.

81 VERWANDLE GELD IN EINEN SCHMETTERLING

Für ein originelles Geldgeschenk oder einfach als Zeitvertreib zwischendurch: Verwandle einen 5-Euro-Schein durch einfache Faltungen in einen Schmetterling:

1. Falte den Geldschein zunächst in der Mitte, um eine Falz zu erhalten. Klappe ihn anschließend wieder auf.

2. Nun faltest du die linke untere Ecke des Geldscheins sowie die rechte obere Ecke zur Falz in der Mitte.

3. Falte als nächstes die linke obere Ecke zur Mitte.

4. Drehe den Geldschein auf die andere Seite und falte die linke untere Ecke zur Mitte. Das Zwischenergebnis ist ein Viereck.

5. Klappe oben und unten die Dreiecke von dem Viereck weg.

6. Nun faltest du die linke Seite über die Mitte des Vierecks nach rechts.

7. Falte dann die linke untere Ecke zur linken oberen Ecke.

8. Klappe zum Schluss die Flügel deines Schmetterlings aus.

NÜTZLICHE ESELSBRÜCKEN

Mithilfe von Eselsbrücken kannst du dir auch solche Sachen merken, die du normalerweise schnell vergisst. Eselsbrücken können bestimmte Bilder sein, die als Erinnerungshilfen dienen, oder kleine Reime. Hier lernst du einige besonders pfiffige Eselsbrücken kennen.

Im Frühling stellt man die Gartenstühle VOR das Haus, im Herbst stellt man sie ZURÜCK ins Haus.
Erklärung: Im Frühjahr werden die Uhren vorgestellt (Sommerzeit), im Herbst stellt man sie wieder zurück (Winterzeit).

Das „s" in „das" muss einsam bleiben, kannst du auch „dieses" oder „welches" schreiben.
Erklärung: Wenn du „das" gegen „dieses" oder „welches" austauschen kannst, schreibst du „das" und nicht „dass".

Fäuste nebeneinanderhalten und Fingerknöchel sowie Zwischenräume zählen.

Erklärung: Mit dieser Eselsbrücke findest du heraus, welche Monate des Jahres 31 Tage haben. Halte dazu zwei Fäuste nebeneinander und beginne links zu zählen. Der linke Knöchel ist der Januar (31 Tage), der Zwischenraum ist der Februar, der zweite Knöchel ist der März (31 Tage) usw. Die Knöchel der beiden Zeigefinger hältst du direkt nebeneinander, sodass hier kein Zwischenraum entsteht – diese Knöchel stehen für die Monate Juli und August, die jeweils 31 Tage haben.

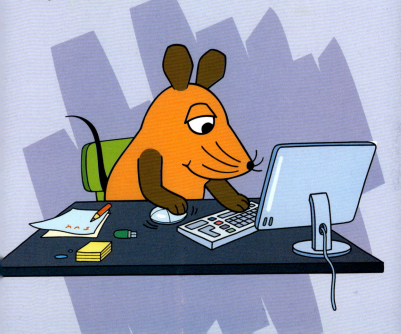

He, she, it – ein „s" muss mit.

Erklärung: Um in der englischen Sprache die dritte Person eines Verbs zu bilden, wird ein „s" an die Grundform angehängt. Zum Beispiel: „like" (mögen) – daraus wird „he likes" (er mag), „she likes" (sie mag) oder „it likes" (es mag).

Wer „nämlich" mit h schreibt, ist dämlich.

Erklärung: Das Wort „nämlich" wird nicht „nähmlich" geschrieben, denn es kommt von Name.

Mein Vater erklärt mir jeden Sonntag unseren Nachthimmel.

Erklärung: Mit diesem Satz merkst du dir die acht Planeten, beginnend beim sonnennächsten. Die Anfangsbuchstaben stehen nämlich für Merkur, Venus, Erde, Mars, Jupiter, Saturn, Uranus und Neptun.

Im Osten geht die Sonne auf, im Süden nimmt sie ihren Lauf, im Westen wird sie untergehen, im Norden ist sie nie zu sehen.
Erklärung: Diese Eselsbrücke sagt dir, wie hierzulande die Sonne am Himmel verläuft.

Nie ohne Seife waschen.
Erklärung: Damit merkst du dir die vier Himmelsrichtungen im Uhrzeigersinn, nämlich Norden, Osten, Süden und Westen.

83 VERANSTALTE EIN WETTESSEN

Beim Schokokuss-Wettessen darf geschlemmt werden! Jeder Spieler erhält einen Teller mit einem Schokokuss darauf. Auf Kommando beginnen dann alle Spieler, ihren Schokokuss zu essen. Wer es zuerst schafft, hat das Spiel gewonnen. Doch Moment, ganz so einfach ist das Spiel auch wieder nicht! Ihr müsst beim Spielen die Hände hinter dem Rücken verschränken und dürft zum Essen nur euren Mund benutzen.

Ein weiteres witziges Spiel ist das Schokolade-Essen. Bei diesem Spiel kommt allerdings immer nur ein Spieler an die Reihe. Alle sitzen an einem Tisch, es wird reihum gewürfelt. Sobald jemand eine Sechs würfelt, zieht er sich so schnell wie möglich Handschuhe, eine Mütze und einen Schal an und soll nun mit Messer und Gabel eine Tafel Schokolade vom Teller essen. Die anderen Kinder würfeln solange weiter. Würfelt der nächste eine Sechs, wechseln Handschuhe, Mütze und Schal den Besitzer und dieser ist mit dem Schokoladessen an der Reihe. So geht es weiter, bis die ganze Tafel Schokolade verspeist wurde.

TIPP

Erhöht den Schwierigkeitsgrad, indem ihr die Schokolade in der Verpackung lasst. Auch diese muss zu Beginn mit Messer und Gabel geöffnet werden.

84 MACHE TOLLE KAUGUMMIBLASEN

> Möchtest du deinen Kaugummi nicht nur kauen, sondern auch tolle Kaugummiblasen machen? Dann folge dieser Anleitung:

1. Nimm den Kaugummi in den Mund und kaue ihn weich. Verwende am besten Kaugummi, der speziell für Kaugummiblasen gedacht ist („Bubble Gum").

2. Drücke den Kaugummi nun flach, und zwar so, dass er platt auf der Zunge liegt.

3. Stülpe den flachgedrückten Kaugummi über deine Zungenspitze.

4. Strecke die Zunge mit dem Kaugummi leicht aus dem Mund und beginne, sanft zu pusten. Erzeuge dadurch eine möglichst große Kaugummiblase!

Dir klebt Kaugummi im Haar? Kein Grund, die Haare abzuschneiden. Knete einfach etwas Butter in den Kaugummi. Anschließend lässt sich der Kaugummi leicht auskämmen.

Richtigen Kaugummi gibt es erst seit dem 19. Jahrhundert, aber schon in der Steinzeit kauten die Menschen auf Baumharzen herum. Das klingt sehr speziell? Dann probiere mal Kaugummi aus Getreide: Nimm etwa einen Teelöffel rohe, ungemahlene Weizenkörner in den Mund und kaue sie so lange, bis sich der Getreidebrei in eine Kaugummimasse wandelt. Das funktioniert dank des Kleber-Eiweißes (Gluten) im Korn.

85 KURIOSE SAMMLUNGEN

Es müssen nicht immer Briefmarken, Münzen, Autogramme oder Aufkleber sein! Gesammelt werden kann eigentlich alles. Du brauchst nur mal mit irgendwas anzufangen. Deine Sammlung kannst du dann nach und nach ausbauen. Ein paar Beispiele geben dir Sammler aus der ganzen Welt.

Die Amerikanerin Valley Hummer hat eine Vorliebe für Quietscheenten. Rund 2 500 verschiedene dieser „Haustiere" hat sie bereits gesammelt.

Die Japanerin Akiko Obata sammelt Plastik-Essen. Mit ihrer über 8 000 Teile umfassenden Sammlung hat sie einen Eintrag ins Guinness-Buch der Rekorde erhalten.

Der Singapurer Jian Yang begeistert sich für Barbie-Puppen. Etwa 6 000 davon wohnen bei ihm zu Hause.

Der Deutsche Sven Berrar sammelt Gartenzwerge. Über 3 000 Exemplare nennt er sein Eigen.

Die Belgierin Yvette Dardenne sammelt Blechdosen. Fast 57 000 Stück hat sie bereits daheim stehen.

Wofür kannst du dich begeistern? Möchtest du ebenfalls eine Sammlung anlegen? Überlege es dir gut, denn Sammeln kann süchtig machen!

86 GIEßE SELBER KERZEN

Kerzen haben etwas Festliches und sie eignen sich auch als schönes Geschenk. Mit wenig Aufwand kannst du Kerzen selber machen. Dazu brauchst du Kerzenreste und ein Band aus Naturfaser, außerdem einen Topf, einen Becher sowie ein Holzstäbchen.
So gehst du vor:

1. Gib die Kerzenreste in den Topf und bringe das Wachs bei geringer Temperatur langsam zum Schmelzen.

2. Fische mithilfe einer Gabel die alten Dochtreste aus dem Wachs.

3. Knote die Naturfaser an das Holzstäbchen. Diese soll als Docht dienen.

4. Lege das Holzstäbchen dann quer über den Becher (zum Beispiel einen ausgewaschenen Joghurtbecher). Die Naturfaser muss bis zum Boden des Bechers reichen.

5. Gieße nun das geschmolzene Wachs in den Becher. Achte darauf, dass der Docht oben mehrere Zentimeter aus dem Wachs ragt.

6. Wenn das Wachs trocknet, sinkt es etwas in sich zusammen. Du kannst dann noch Wachs nachgießen.

7. Sobald das Wachs hart geworden ist, schneidest du den Docht unterhalb des Holzstäbchens ab und entfernst den Becher. Fertig ist die Kerze!

TIPP

Hast du Wachsreste in verschiedenen Farben, schmelze diese getrennt und gieße eine neue Kerze in Streifen.

ACHTUNG

Beim Umgang mit heißem Wachs und erst recht mit Feuer sollte stets ein Erwachsener anwesend sein, der dir hilft!

WISSENSWERTES ÜBER STECHMÜCKEN

87

> Ob draußen am Badesee oder zu Hause im Kinderzimmer – Stechmücken können ganz schön nerven. Hier erfährst du etwas über sie und lernst, wie du diese kleinen Blutsauger am besten los wirst.

Auf der ganzen Welt gibt es weit über 3 000 Arten von Stechmücken. Aber nur weibliche Stechmücken stechen tatsächlich, und zwar, weil sie das Blut für die Produktion ihrer Eier benötigen. Sowohl männliche als auch weibliche Stechmücken ernähren sich von Nektar. Wegen ihres Bluthungers können Stechmücken besonders in tropischen Gebieten gefährliche Krankheiten übertragen, beispielsweise die Malaria.

Damit Stechmücken gar nicht erst ins Zimmer gelangen, bitte deine Eltern, ein Fliegengitter am Fenster anzubringen.

Ein Hausmittel, das Stechmücken fernhalten soll: Schneide eine Zitrone in vier Teile und spicke das Fruchtfleisch mit Gewürznelken. Verteile die Zitronen dann in deinem Zimmer, besonders am Fenster und der Zimmertür.

Hat dich eine Mücke gestochen, nicht kratzen! Das würde das Jucken nur schlimmer machen. Lege stattdessen eine frisch aufgeschnittene Zwiebel auf den Mückenstich, das lindert den Juckreiz.

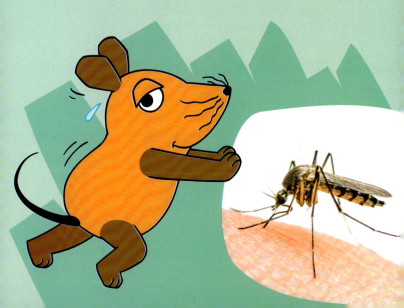

88 ERFINDE EINEN KÜNSTLERNAMEN

> Berühmte Musiker heißen nicht Ronald Krempel oder Gustav Piepvogel, sondern Samy Deluxe, Namika oder Bruno Mars. Wenn ein Sänger oder eine Sängerin nicht den privaten Namen verwenden will, legt er oder sie sich einen Künstlernamen zu. Das kannst du auch!

Mach es zum Beispiel wie der Rapper Carlo Weibel. Er hat einfach zwei Buchstaben aus seinem Vornamen gestrichen und nennt sich als Musiker Cro.
Oder kennst du Destiny Hope Cyrus? Wegen ihres Lächelns wurde sie Smiley genannt. Diesen Spitznamen verwendet sie – ohne das S am Anfang – auch als Künstlernamen: Miley Cyrus. Inzwischen hat sie sich sogar offiziell umbenannt.
Jan Vetter, ein Mitglied der Rockband Die Ärzte, hat einfach einen guten Ratschlag zu seinem Künstlernamen gemacht: Farin Urlaub – Fahr in Urlaub!
Oder der Musiker Jan Philipp Eißfeldt: Er hat seinen zweiten Vornamen gestrichen und seinen Nachnamen durch ein eingängiges englisches Wort ersetzt. Er nennt sich Jan Delay.

Eine ähnliche Methode hat der Rapper Samy Sorge angewendet, nur das er das französische Wort Deluxe verwendet hat – er nennt sich Samy Deluxe.
Im Folgenden findest du als Anregung für deine eigene Namensfindung noch ein paar weitere Künstlernamen:

Künstlername	Richtiger Name
Campino	Andreas Frege
Marteria	Marten Laciny
Nena	Gabriele Susanne Kerner
Sarah Connor	Sarah Marianne Corina Lewe
Sido	Paul Hartmut Würdig
Clueso	Thomas Hübner
Bruno Mars	Peter Gene Hernandez
Namika	Hanan Hamdi
Lady Gaga	Stefani Joanne Angelina Germanotta
Helene Fischer	Jelena Petrowna Fischer

89 SCHNITZE EINE HOLUNDERFLÖTE

Holunder ist ein häufig vorkommender Strauch, den du unter anderem an seinen weißen, schirmähnlichen Blüten erkennst. Die Äste des Holunders eignen sich besonders gut zur Herstellung einer einfachen Flöte. Der Grund: Das Mark der Äste ist relativ weich und lässt sich leicht entfernen. Als Werkzeuge benötigst du ein Stück festen Draht, ein Messer sowie einen Handbohrer. So kannst du deine eigene Holunderflöte schnitzen:

1. Suche dir einen geraden, fingerdicken Holunderast. Die Länge sollte ungefähr 10 cm betragen.

2. Nun muss zunächst das Mark aus dem Inneren des Astes entfernt werden. Kratze es mit dem Draht heraus. Achte darauf, dass der Ast nicht einreißt!

3. Schnitze mit einem Messer vorsichtig eine Kerbe in den Ast, etwa 2-3 Zentimeter vorm Ende. Solch eine Kerbe findest du zum Beispiel auch auf einer Blockflöte.

4. Auf der Seite, auf der sich die Kerbe befindet, bohrst du nun noch einige kleine Löcher in den Ast.

5. Halte das untere Ende deiner Holunderflöte zu oder verschließe es mit etwas Knetmasse. Puste nun vorne hinein, um Töne zu erzeugen. Indem du beim Spielen die Löcher zuhältst, kannst du die Töne verändern.

Nun ist Üben angesagt! Wenn du Lust hast, bilde zusammen mit Freunden ein Holunderflöten-Orchester. Wer kann seinem Instrument die schönsten und lautesten Töne entlocken?

HANDSTAND-MEISTER

Ein Handstand sieht schwer aus, ist aber relativ einfach zu erlernen! Beginne damit, einen Handstand an der Wand zu machen. Wenn du ein wenig Übung hast, wird dir später auch ein freier Handstand nicht schwerfallen. So geht der Handstand an der Wand:

1. Gehe vor der Wand in den Liegestütz, und zwar so, dass deine Füße die Wand berühren und dein Körper in den Raum zeigt.
2. Spanne deinen Körper an. Bewege nun deine Füße einen nach dem anderen an der Wand nach oben.
3. Ziehe deine Hände in Richtung Wand nach.
4. Klettere auf diese Weise nach und nach in den Handstand. Stoppe, wenn deine Hände noch etwa 25 Zentimeter von der Wand entfernt sind. Dein Körper muss die ganze Zeit angespannt sein.
5. Wenn du dein Gleichgewicht nicht mehr halten kannst, rolle dich ein und mache einen Purzelbaum.

Lass dir zu Beginn am besten von einem Freund helfen. Er kann dich stützen und dir sagen, ob dein Handstand gerade ist oder nicht.

Anfangs wirst du vielleicht noch nicht den vollkommenen Handstand schaffen. Übe einfach immer weiter! Dein Körper gewinnt dadurch an Kraft und Spannung, und du trainierst deinen Gleichgewichtssinn.

91 IN EIS UND SCHNEE ÜBERLEBEN

Wenn es draußen richtig schön schneit, ist das normalerweise ein Heidenspaß: Schneeballschlachten, Schneemänner, im Schnee herumtoben! Doch wenn man sich alleine mitten in einer weiten Schneelandschaft aufhält, kann die Kälte gefährlich werden.

Die Inuit, die zum Beispiel in Grönland leben, bauen richtige Schneehäuser an der Oberfläche. So ein Schneehaus wird Iglu genannt. Innerhalb eines Iglus ist es um bis zu 50 Grad wärmer als außen – denn Schnee selbst ist zwar kalt, kann aber auch als Wärmeisolator dienen. Wenn es draußen etwa minus 40 Grad kalt ist, kann das Thermometer im Inneren auf plus 10 Grad klettern.

Ein Inuit weiß, dass er in der Kälte ständig in Bewegung bleiben muss. Die Bewegung hält seinen Körper warm. Sie verhindert außerdem, dass er einschlafen und erfrieren könnte. Wenn sich jemand in einem Schneesturm verirrt, kann eine Schneehöhle als Nachtlager dienen. Dazu wird mit den Händen ganz tief in den Schnee gegraben und eine unterirdische Höhle geschaffen. An der Oberfläche kann ein Zeichen aufgestellt werden, zum Beispiel ein Stock, an den ein Kleidungsstück gebunden wurde. So wird ein Verirrter von seinen Rettern auch dann gefunden, wenn er sich gerade in der Schneehöhle aufhält.

92 BERECHNE DIE ENTFERNUNG EINES GEWITTERS

Wenn du draußen unterwegs bist und es plötzlich donnern hörst, kann dir angst und bange werden. Zu Recht, denn ein Gewitter kann ganz schön gefährlich sein! Berechne deshalb die Entfernung des Gewitters:

1. Achte auf den Blitz und beginne dann die Sekunden zu zählen, bis der Donner folgt.
2. Nimm die Sekunden mit 330 mal. Das Ergebnis ist der ungefähre Abstand des Gewitters in Metern. Du kannst die Anzahl der Sekunden auch durch 3 teilen und erhältst dann den ungefähren Abstand in Kilometern.

Wie ist diese Berechnung möglich?

Ganz einfach: Den Blitz siehst du sofort – in Lichtgeschwindigkeit, das sind etwa 300 Millionen Meter pro Sekunde. Der Schall des Donners bewegt sich in der Luft hingegen nur mit rund 330 Metern pro Sekunde fort – die genaue Geschwindigkeit ist abhängig von der Lufttemperatur. Kommt das Donnergrollen drei Sekunden nach dem Blitz bei dir an, ist das Gewitter rund einen Kilometer entfernt.

> Wirst du auf einem Feld von einem Gewitter überrascht, such dir eine Mulde, geh in die Hocke und mach dich so klein wie möglich. Nicht hinlegen, dadurch würdest du die Fläche vergrößern! In der Nähe dürfen sich keine Bäume befinden, da Blitze immer den höchsten Punkt zum Einschlagen suchen.

93 — ZÄHLE MIT DEINEN FINGERN BIS 1023

> Was denkst du: Wie weit kannst du mit zehn Fingern zählen? Bis zehn? Weit gefehlt! Zähle mit deinen zehn Fingern bis 1023!

Du kannst mit deinen zehn Fingern nur bis zehn zählen, wenn du jedem Finger den Wert 1 zuweist. Doch es geht auch anders. Halte mal beide Hände mit geöffneten Handflächen vor dich. Der Daumen der rechten Hand zählt 1, bei den weiteren Fingern verdoppelt sich der Wert aber jeweils: Der Zeigefinger der rechten Hand zählt also 2, der Mittelfinger 4, der Ringfinger 8 und der kleine Finger 16. Dann geht es weiter mit der linken Hand: Der kleine Finger der linken

Hand zählt 32, der Ringfinger 64, der Mittelfinger 128, der Zeigefinger 256 und der Daumen der linken Hand zählt 512. Merke dir die Werte der einzelnen Finger, denn aus diesen kannst du nun alle Werte von 1 bis 1023 bilden.
Hier einige Beispiele:

* **17:** Um diese Zahl zu bilden, streckst du den Daumen (1) und den kleinen Finger (16) der rechten Hand aus.

* **31:** Für diese Zahl streckst du alle Finger der rechten Hand aus.

* **138:** Für diese Zahl brauchst du den Mittelfinger der linken Hand (128), außerdem den Ringfinger (8) und den Zeigefinger (2) der rechten Hand.

* **1023:** Um diese Zahl du bilden, streckst du einfach alle Finger aus. Sie ergibt sich, wenn du die Werte aller zehn Finger zusammenzählst.

Bilde weitere Zahlen nach diesem System und verblüffe damit deine Familie und Freunde!

94 LERNE PALSTEK UND ACHTERKNOTEN

Knoten kannst du in vielen Situationen gebrauchen. Erlerne mithilfe der folgenden Anleitungen den Achterknoten und den Palstek.

Achterknoten

Mit dem Achterknoten kannst du ein Seilende verdicken. Mehrere dieser Knoten im Abstand von etwa 50 Zentimetern in einem dicken Tau ergeben ein gutes Kletterseil.

1. Lege das lose Ende von vorn im Kreis über dein Seil, sodass du ein kleines „Auge" bildest.

2. Führe das Seilende einmal von hinten um dein Seil herum und stecke es vorne in das Auge hinein.

3. Ziehe das Seilende fest – fertig!

Das Ergebnis ist ein Knoten, der wie eine 8 aussieht – daher hat der Knoten auch seinen Namen.

Palstek

Mit dem Palstek erzeugst du eine Schlinge, die sich nicht zuzieht. Mit dieser Schlinge werden zum Beispiel Boote an einem Poller festgemacht. Praktischerweise lässt sich dieser Knoten auch sehr leicht wieder lösen.

1. Lege das lose Ende von vorn im Kreis über dein Seil, sodass du ein kleines „Auge" bildest. Lass dabei ein gutes Stück Seilende hängen.

2. Stecke das Seilende von unten in dieses Auge hinein. Dabei bildest du eine Schlinge in der Größe, wie du sie brauchst.

3. Führe das Seilende von hinten einmal um das Seil herum und von oben wieder in das Auge hinein. Festziehen, fertig!

Kleine Merkhilfe: Die Schlange kommt aus dem Teich heraus, geht um den Baum herum, und in den Teich hinein.

95 STRICKE MIT DEINEN HÄNDEN EINEN LOOP-SCHAL

> Zum Stricken benötigst du nicht unbedingt Stricknadeln, das geht auch mit den Händen und macht Spaß. Verwende dickere Wolle, dann ist es einfacher.

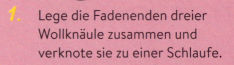

1. Lege die Fadenenden dreier Wollknäule zusammen und verknote sie zu einer Schlaufe.

2. Hänge diese Schlaufe über deinen Daumen der linken Hand.

3. Schlängle die drei Wollfäden nun um deine Finger herum: hinter dem Zeigefinger, vor dem Mittelfinger, hinter dem Ringfinger, dann um den kleinen Finger herum.

4. Schlängle die drei Wollfäden zurück: vor dem Ringfinger, hinter dem Mittelfinger, vor dem Zeigefinger. Jetzt befindet sich der Faden zwischen Zeigefinger und Daumen.

5. Führe die Fäden einmal oberhalb der ersten Schlaufenreihe von hinten um alle Finger herum und vorne wieder zurück. Halte die Fäden mit dem Daumen gegen den Zeigefinger gedrückt fest.

6. Jetzt wird gestrickt: Beginne mit dem kleinen Finger. Winkle ihn an und ziehe die unteren Wollfäden, die du um den kleinen Finger gewickelt hast, über die oberen Fäden hinter den Finger. Fahre in dieser Weise fort bis zum Zeigefinger.

7. Wiederhole im Wechsel Schritt 5 und Schritt 6. Drücke nach jeder Runde die Fäden nach unten zwischen die Finger, sodass sie nicht herunterrutschen.

8. Nimm nach ca. 5 bis 6 Runden die Schlaufe vom Daumen und ziehe von hinten fest an deiner Strickerei, sodass sich die ersten Reihen zu einem Schlauch zusammenziehen. Ziehe immer wieder von hinten an der Schlaufe, alle 5 bis 6 Reihen.

9. Fahre so fort, bis der Schlauch die gewünschte Länge hat (für einen Loop-Schal muss er etwa 2 bis 3 Meter lang sein). Nachdem du das letzte Mal Schritt 6 ausgeführt hast, schneidest du die Fäden am Ende etwa 20 cm ab. Führe die Fäden noch einmal hinter der Hand zum kleinen Finger und von dort von oben nacheinander durch die einzelnen Schlaufen. Hebe diese von den Fingern und ziehe die Fäden stramm.

10. Führe die Enden deiner Strickarbeit zusammen und verknote die Fäden mit einem Doppelknoten. Nun hast du einen Loop, den du dir in mehreren Schlaufen um den Hals legen kannst – das ist kuschelig warm!

TIPP
Verwende für einen bunten Schal drei verschiedenfarbige Wollknäuel.

96 PANTOMIMESPIEL

Pantomime ist ein Wort, das aus der griechischen Sprache stammt. Es bedeutet so viel wie „alles nachahmend". Ein Pantomime stellt nur durch seinen Gesichtsausdruck und seine Bewegungen die verschiedensten Dinge dar. Pantomimen tragen oft schwarze Kleidung und haben ihr Gesicht weiß geschminkt, so ist alles reduziert auf ihre Gestik und Mimik. Aber das ist kein Muss.

Wird Pantomime als Spiel betrieben, spricht man auch von einer Scharade. Eine Scharade lässt sich in kleineren oder größeren Gruppen spielen. Als Vorbereitung schreibt ein Elternteil oder ein von euch benannter Schiedrichter auf kleine Kärtchen verschiedene Begriffe, die pantomimisch dargestellt werden sollen.

Und so wird gespielt

Der erste Spieler zieht eine Karte und muss nun ganz ohne Worte den Begriff darstellen, der auf der Karte steht. Die anderen Spieler rufen dem Pantomimen zu, welchen Begriff sie meinen erraten zu haben. Wenn jemand den dargestellten Begriff errät, darf er den nächsten Begriff darstellen. Sieger ist, wer zum Schluss die meisten Begriffe erraten hat.

Beispiele

Auto fahren, Schlittschuh laufen, Kuh melken, reiten, angeln, schwimmen, Rockstar, Ballerina, Roboter

97 PFLANZE EINE BLUMENUHR

Der schwedische Forscher Carl von Linné (1707-1778) soll der erste gewesen sein, der eine Blumenuhr pflanzte. Er bemerkte, dass die Pflanzen ihre Blüten zu verschiedenen Zeiten öffnen und wieder schließen. Die Blumenuhr geht zwar nicht exakt, ist aber spannend zu beobachten. Hier ein Beispiel für eine Blumenuhr, die du zusammen mit deinen Eltern in eurem Garten anpflanzen kannst:

05:00 Uhr Blüten des Mohns öffnen sich
06:00 Uhr Blüten der Taglilie öffnen sich
07:00 Uhr Blüten des Frauenmantels öffnen sich
08:00 Uhr Blüten der Sumpfdotterblume öffnen sich
09:00 Uhr Blüten der Margerite öffnen sich
10:00 Uhr Blüten des Sauerklees öffnen sich
11:00 Uhr Blüten der Tigerblume öffnen sich
12:00 Uhr Blüten der Mittagsblume öffnen sich
13:00 Uhr Blüten der Pfingstnelke schließen sich
14:00 Uhr Blüten der Ringelblume schließen sich
15:00 Uhr Blüten des Wurmlattichs schließen sich
16:00 Uhr Blüten der Wunderblume schließen sich
17:00 Uhr Blüten der Seerose schließen sich
18:00 Uhr Blüten des Mohns schließen sich

Pflanze die Blumen am besten in dieser Reihenfolge in einem Kreis an, so erinnert das Blumenbeet auch optisch an eine Uhr.

98 BACKE BROT

Wusstest du, dass Deutschland als das Land mit den meisten Brotsorten gilt? Brot ist ein Grundnahrungsmittel, das überwiegend aus Mehl besteht, und Mehl wiederum wird aus Getreide gemahlen. Ein einfaches Brot kannst du mit wenigen Zutaten selbst backen. Du brauchst dazu:

- 1 kg Mehl
- 1 Würfel Hefe
- 3 TL Salz
- 1 TL Zucker
- 500 ml handwarmes Wasser

Gib das Wasser in eine große Teigschüssel und brösle die Hefe hinein. Anschließend kommen das Mehl, das Salz und der Zucker dazu. Vermische und knete das Ganze mit sauber gewaschenen Händen. Du knetest den Teig so lange, bis er nicht mehr am Rand der Schüssel kleben bleibt. Decke die Teigschüssel anschließend mit einem Geschirrtuch ab und lass den Teig etwa eine Dreiviertelstunde lang aufgehen. Heize den Backofen auf etwa 180 Grad Umluft vor. Lege Backpapier auf ein Backblech und forme dein Brot darauf zu einem schönen Oval. Bestreiche die Oberfläche mit etwas Wasser und stelle eine Tasse Wasser mit auf das Backblech. Das gibt eine schöne Kruste. Backe das Brot etwa 40 Minuten lang. Das Brot ist fertiggebacken, wenn du darauf klopfst und es hohl klingt.

Dafür, dass der Teig aufgeht, ist übrigens die Hefe verantwortlich. Hefen sind einzellige Pilze, die Inhaltsstoffe des Mehls verwenden, um sich zu vermehren. Dabei entsteht Kohlenstoffdioxid, das für das Aufgehen des Teigs sorgt.

99 BASTLE KREISEL

Eine alte, zerkratzte CD muss nicht weggeworfen werden. Bastle daraus doch einen hübschen Kreisel! Außer der CD benötigst du lediglich eine Murmel oder eine andere Kugel, einen Flaschendeckel aus Plastik und guten Klebstoff. So entsteht der Kreisel:

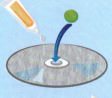

1. Klebe die Murmel auf die Unterseite der CD, und zwar genau in die Mitte. Auf der Murmel wird später gekreiselt.

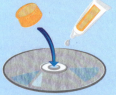

2. Den Flaschendeckel klebst du nun auf die Oberseite der CD, ebenfalls genau in die Mitte. Der Flaschendeckel dient als Griff.

3. Lass den Klebstoff gut trocknen. Halte nun den Flaschendeckel fest und mach eine schnelle Drehbewegung. Auf einer glatten Oberfläche kann sich der Kreisel besonders gut drehen.

Einen einfachen Kreisel kannst du auch aus Pappe und einer Filzstiftkappe anfertigen: Schneide aus der Pappe eine runde Form und stecke die Filzstiftkappe genau in die Mitte. Fertig ist der Kreisel!

TIPP

Du kannst die Oberseite deines Kreisels auch noch mit schönen Mustern verzieren: entweder durch Anmalen mit Permanentstiften oder indem du Papier in der Größe der CD ausschneidest, dieses bemalst und dann aufklebst.

100 SENDE MORSE-SIGNALE

Wenn früher Schiffe in Seenot gerieten, haben sie den Notruf über Funk gemorst. Beim Morsen werden Zeichen durch eine Folge von kurzen und langen Signalen gebildet – das können auch Klopfgeräusche aus einem Kellerverlies sein oder Lichtsignale, die du mit einer Taschenlampe von einer einsamen Insel aus an das rettende Schiff sendest. Mithilfe der folgenden Tabelle erlernst du das Morse-Alphabet. Dieses ist übrigens international und wird überall verstanden.

A	.-	H	....	O	---	V	...-
B	-...	I	..	P	.--.	W	.--
C	-.-.	J	.---	Q	--.-	X	-..-
D	-..	K	-.-	R	.-.	Y	-.--
E	.	L	.-..	S	...	Z	--..
F	..-.	M	--	T	-		
G	--.	N	-.	U	..-		

Spielidee

Spiele mit deinen Freunden das Morse-Spiel: Einer von euch überlegt sich ein Wort. Dieses schreibt er in Morsezeichen auf Papier. Dann morst er mit einer Taschenlampe die Buchstaben oder klatscht sie mit den Händen. Wer das Wort zuerst errät, ist als nächster an der Reihe.

Weißt du, was das wichtigste Notsignal ist und wie es gebildet wird?

Lösung: Das wichtigste Notsignal ist SOS. Der Code wird aus drei kurzen, drei langen und wieder drei kurzen Signalen gebildet.

BILDNACHWEIS

Fotolia.com:

Tipp 4 l.m. © emer, r.o. © Ingairis; 6 © Ruslan Ivantsov; 7 © kavring; 8 © juliars; 10 © yurakp; 12 © Pixelmixel (Hintergrund), © sunnychicka (Linde), © emer (Erle), © sbp321 (alle übrigen); 16 l. © euthymia, r. © pholidito; 17 © Eric Gevaert; 20 © carl; 21 © SLDigi; 22 © stockphoto-graf; 28 © AlenKadr; 29 © racamani; 36 © jogisturtzfreq; 48 © mirkograul; 50 © zakokor; 52 © Mr Twister; 53 © adrenalinapura; 56 © romerince; 57 © Magryt; 59 © chege; 62 © Olga Kovalenko; 63 © kunertus; 66 © BillionPhotos.com; 68 l.m. © Melory, u.l. © BillionPhotos.com; 73 © goodween123; 76 u.r. © sebra, © JFL Photography (Burg), © Matthias Buehner (Türschloss), © euthymia (Fahrradschloss); 80 © Mara Zemgaliete; 83 © pixelliebe; 84 © pete pahham; 85 © eyetronic; 87 © nechaevkon; 89 © IrisArt (Holunderblüte), © adam88xx (Holunderbeeren); 91 © Volodymyr Shevchuk; 92 © trendobjects; 94 © lumen-digital; 95 © by-studio; 97 © ArTo; 98 l. © Volker Gerstenberg, r. © emuck; 100 © JHDT Productions

Tipp 13: U. Velte/ I. Dolinger/ M. Drapa

Alle anderen Illustrationen:

Josy Jones